Aprenda portugués leyendo historias cortas: 10 historias en portugués y español con listas de vocabulario

Copyright © 2019 by Language University

Todos los derechos reservados. Se prohibe la reproducción, total o parcial, sin previa autorización escrita por parte del editor, exceptuando la inclusión de citas breves en reseñas.

ISBN: 9798613524532
Publicación: Autopublicación

Introducción

Hay muchas maneras de sumergirse en portugués: tomar lecciones portugués, ver películas o series de televisión con subtítulos portugueses, tomar cursos en línea, unirse a un club de habla portuguesa, viajar a un país de habla portuguesa, leyendo libros ...

Este libro le propone una forma simple pero efectiva para aprender portugués a través de historias para principiantes (Nivel A1 y Nivel A2).

Este libro le ayudará a:

1. Aprender vocabulario nuevo.

2. Aprender nuevas expresiones sobre un tema específico

3. Aprender el vocabulario de la vida cotidiana que se utiliza para comunicar con las personas a través de diálogos.

4. Aprender algunas oraciones típicas que se usan con frecuencia en los diálogos portugueses

5. Corregir y/o mejorar su pronunciación gracias al archivo de audio.

6. Mejorar sus habilidades de comprensión a través de la escucha.

7. Mejorar simplemente su portugués cualquier sea su nivel de principiante

Las historias están principalmente en el tiempo presente de indicativo en portugués, por lo que es más fácil para los lectores aprender los conceptos básicos del idioma a través de los textos.

Fíjese que el tiempo presente se usa para describir, afirmar y para relacionar hechos que suceden en el momento presente.

Cómo usar este libro para mejorar su portugués.

1 - Lea la historia sin mirar la traducción del vocabulario. Intente entenderlo como un todo.

2 - Léalo una segunda vez.

3 - Trate de entender cada oración del párrafo.

4 - Lea la historia una vez más tomando nota de las palabras o de los grupos de palabras que no entiende

5 - Mire la lista del vocabulario.

6 - Luego trate de escribir un resumen de la historia en portugués.

Una palabra en portugués puede tener muchos significados. Pero el significado correcto depende del contexto de la historia. No haga una mala interpretación de los significados de las palabras.

Antes de leer una historia, tenga en cuenta cuidadosamente de qué se está hablando en el texto, lea el título y fíjese en el tema de la historia.

Si no entiende una oración o un grupo de oraciones, no se preocupe. La lista del vocabulario está traducida para ayudarte.

Si aprende el vocabulario, es importante que lo recuerde a largo plazo.

Cómo memorizar el vocabulario aprendido

Tiene que aprender y repasar las palabras muchas veces. Puede recordar una palabra nueva al tratar de construir una oración con ella. Tiene que repetir y aprender la palabra regularmente y con frecuencia para que tu cerebro la memorice. No dude en leer la historia muchas veces. Vea cómo se usa el vocabulario en las oraciones. Lea y reescribe la traducción del vocabulario para asimilar el significado de las palabras.

En portugués las palabras pueden sonar diferentes según el contexto.

Cuando aprende nuevas palabras en portugués, es mejor aprender toda la oración donde se usa el vocabulario. De esta manera podrá recordar el vocabulario más fácilmente.

Cuando aprende portugués, escuchar y leer no son suficientes. Necesita hablar y pronunciar las oraciones correctamente. En su tercera escucha, repita después del narrador.

Luego escuche una vez más leyendo el texto.

NB Cuando desee aprender un idioma, practíquelo tantas veces como pueda.

Estória 1: Infância, adolescência e amizade

Jane e Michelle se conhecem desde a infância. Jane é loira e Michelle é **morena**. A mãe da Jane se chama Mel. A mãe da Michelle se chama Victoria. Victoria e Mel são amigas **há muito tempo**. Jane é a **melhor amiga** da Michelle.

Quando crianças, elas gostavam de **pular amarelinha, brincar de cozinha** e **jogar esconde-esconde**. Suas mães as levavam ao parque **com frequência**. Mel ama fazer panquecas de chocolate ou **torta de maçã**. Jane e Michelle também amam assistir **desenhos animados**. Elas amam assistir "Barbie" e **"O Rei Leão"** juntas.

Desde os onze anos, elas amam esportes. Elas amam **andar de bicicleta** e jogar basquete. Elas adoram **compartilhar segredos. Elas fazem a lição de casa** juntas. A **disciplina favorita** da Michelle é francês. A disciplina preferida da Jane é ciência.

Na escola, Jane tira **notas baixas** em matemática. **Ela tem aulas particulares. Jane e Michelle passam mais tempo estudando do que divertindo-se.** Michelle ajuda a Jane a estudar. Mel e Victoria **têm orgulho** de suas filhas. Para agradecê-las, elas vão de férias juntas e com suas famílias.

Desde o jardim de infância até o ensino fundamental, Jane e Michelle são **amigas muito próximas.**

Mas no Ensino médio, as duas **não estão tão próximas.** Elas **cresceram** e já **não se interessam pelas mesmas coisas.** Michelle está interessada em livros e muito **focada** nos seus **estudos.** Jane se interessa pela **moda**, popularidade no **ensino médio** e garotos. **Com o passar do tempo**, elas se tornaram **apenas conhecidas.**

Jane tem muitos amigos e uma nova melhor amiga: Lilly. O **namorado** da Jane se chama Lucas.

Michelle também tem uma nova **amiga**. Seu nome é Annie. Annie também **gosta de ler** como a Michelle.

Em uma tarde de sábado, Mel e Victoria convidaram suas **filhas** para ir ao cinema juntas. O filme é bom, mas **Jane e Michelle mal se falam**. Victória está **triste. Jane e Michelle já não são mais amigas.**

Em casa, Victoria fala com Michelle:

- Você e a Jane, **vocês brigaram**?
- Não, por quê?
- Você não fala mais com ela.
- Mas não, nós ainda nos falamos.
- Mas vocês já não são amigas.
- Nós não temos os mesmos **interesses.**
- **Convide-a para vir aqui em casa.**
- Não, obrigada.
- Mas por quê?
- Mãe, ela tem os amigos dela agora. E eu também, eu tenho a minha amiga. **Não importa** se já não somos amigas.
- Certo, eu entendo.

Uma tarde, Michelle caminha no parque. Ela vê a Jane chorando em uma cadeira.

- Oi Jane, **o que aconteceu?** Por que você está chorando?
- Oi Michelle. Lucas e sua família **se mudam** para outra cidade. **Nós terminamos o namoro.**
- Sinto muito por você.
- Obrigada.
- Onde estão os seus amigos?
- Eu não sei. Eles não estão aqui.

Jane sorri para Michelle e pergunta:

- E como você está?
- Estou bem, obrigada. Não fique aqui **sozinha.** Vamos **tomar uma bebida.**
- Não, obrigada. **Eu não quero incomodá-la.**
- Você não me incomoda. Eu a convido.
- Certo, certo. Obrigada, Michelle. Você é muito gentil.

As duas garotas vão ao restaurante. Elas pedem suco e crepes de chocolate. Jane conta seus problemas à Michelle. Lilly não é realmente amiga da Jane. Lilly é uma aproveitadora.

À noite, Jane se sente melhor. Ela conta à sua mãe sobre o seu dia.

Lucas vai embora. Jane esquece seu relacionamento com ele. Jane e Michelle começam a **passar tempo juntas**. Mel e Victoria estão felizes.

Um dia, **Victoria adoece**. Jane ajuda Michelle a **cuidar da** Victoria. Annie visita Victoria. Michelle apresenta sua amiga Annie à Jane. Jane está feliz em conhecê-la. Michelle convida a Annie para comer na sua casa. Annie aceita com prazer. Jane e Michelle **preparam a refeição**. As três garotas comem juntas ao meio-dia. A refeição é deliciosa.

Três dias depois, Victoria está **curada**. Jane convida Michelle e Annie para ir às compras. Annie recusa o convite. Ela precisa terminar sua lição de casa. Michelle aceita o convite com prazer. Jane e Michelle **compram** novos **vestidos**, sapatos e **calças**. Elas compram um lindo **colar** para a Annie. Michelle compra um **casaco** para a sua mãe. Jane compra uma **jaqueta** para sua mãe.

Perto do fim do **ano escolar, Jane reprova nos seus exames. Ela vai às aulas de recuperação.** Jane se arrepende. Ela pede para Michelle ficar com ela. Michelle diz à Jane que ela ainda é sua amiga. Jane decide parar de **negligenciar seus estudos**.

Jane e Michelle se tornam quase inseparáveis. **Michelle ajuda a Jane a ter sucesso em seus estudos.** Jane está feliz. Michelle e Jane se tornam amigas próximas como antes.

Vocabulario

Infância	Infancia
Amizade	Amistad
Morena	Morena
Há muito tempo	Durante mucho tiempo
melhor amiga	Mejor amiga
pular amarelinha	Jugar a la rayuela
brincar de cozinha	Jugar a tomar el té
jogar esconde-esconde	Escondidas
com frequência	A menudo
torta de maçã	Una tarta de manzana
desenhos animados	Dibujos animados
O Rei Leão	El rey león
andar de bicicleta	Ir en bicicleta
compartilhar segredos	Compartir secretos
Elas fazem a lição de casa	Ellas hacen sus deberes
disciplina favorita	Asignatura favorita
notas baixas	Malas notas
Ela tem aulas particulares.	Ella toma clases particulares
Jane e Michelle passam mais tempo estudando do que divertindo-se	Jane y Michelle pasan más tiempo estudiando que disfrutando
Têm orgulho	Están orgullosas de

ensino fundamental	Escuela secundaria
amigas muito próximas	Muy amigas
adolescente(s)	Adolescente(s) M/F
não tão próximas	Se alejan
Cresceram	Ellas crecen (crecer)
não se interessam pelas mesmas coisas	Ya no están interesadas en la mismas cosas
Focada	Enfocado/a
Estudos	Estudios
Moda	La moda
Ensino médio	Colegio
Com o passar do tempo	Con el tiempo
Apenas conhecidas	Meras conocidas
Namorado	Novio
Amiga	Amiga íntima
gosta de ler	Aficionada de
filha(s)	Hija(s)
Jane e Michelle mal se falam	Jane y Michelle apenas se hablan
Triste	Triste
Jane e Michelle já não são mais amigas	Jane y Michelle ya no son amigas
Vocês brigaram?	¿Tuvisteis una discusión?
Interesses	Intereses
Convide-a para vir aqui em casa	Invítala a casa

Não importa	No importa
O que aconteceu?	¿Qué está pasando?
Se mudam	Mudarse
Terminamos o namoro	Nos separamos
Sozinha	Solo/a
Tomar uma bebida	Ven a tomarte algo conmigo
Eu não quero incomodá-la	No quiero molestarte
Passar tempo juntas	Pasar tiempo juntas
Victoria adoece	Victoria cae enferma
Cuidar da	Cuidar a…
Preparam a refeição	Preparan la comida
Três dias depois	Tres días después
Curada	Se recupera
Compram	Comprar
Vestidos	Vestidos
Sapatos	Zapatos
Calças	Pantalones
Colar	Collar
Casaco	Abrigo
Jaqueta	Chaqueta
Ano escolar	Año escolar
Jane reprova nos seus exames	Jane no aprueba sus exámenes
Ela vai às aulas de recuperação	Ella repite sus clases de primero

<table>
<tr><td>

Negligenciar seus estudos

Michelle ajuda a Jane a ter sucesso em seus estudos

</td><td>

Descuidar sus estudios

Michelle ayuda a Jane a tener éxito con sus estudios

</td></tr>
</table>

Historia 1: Infancia, adolescencia, y amistad

Jane y Michelle se conocen desde la infancia. Jane es rubia y Michelle es **morena**. La madre de Jane se llama Mel. La madre de Michelle es Victoria. Victoria y Mel han sido amigas **durante mucho tiempo**. Jane es la **mejor amiga** de Michelle.

De niñas, les gusta **jugar a la rayuela, jugar a tomar el té y a las escondidas**. Sus madres **a menudo** las llevan al parque. A Mel le encanta hacer tortitas de chocolate o **una tarta de manzana**. A Jane y Michelle también les encanta ver los **dibujos animados**. Les encanta ver "Barbie" y "**El rey león**" juntas.

Desde la edad de once años, aman mucho los deportes. Les encanta **ir en bicicleta** y jugar al baloncesto. Les encanta **compartir secretos**. **Ellas hacen sus deberes** juntos. La **asignatura favorita** de Michelle es el francés. La de Jane son las ciencias.

En la escuela, Jane tiene **malas notas** en matemáticas. **Ella toma clases particulares. Jane y Michelle pasan más tiempo estudiando que disfrutando**. Michelle ayuda a Jane a estudiar. Mel y Victoria **están orgullosas de** sus hijas. Para agradecerles, se van de vacaciones con sus familias.

En la escuela primaria hasta la **escuela secundaria**, Jane y Michelle son **muy amigas.**

Pero en el colegio, las dos chicas se **alejan**. Ellas **crecen** y **ya no están interesadas en las mismas cosas**. A Michelle le interesan los libros y está muy **enfocada** en sus **estudios**. A Jane le interesa la **moda**, la popularidad en el **colegio** y los chicos. **Con el tiempo**, se convierten en **meras conocidas.**

Jane tiene muchos amigos y una nueva mejor amiga: Lilly. El novio de Jane se llama Lucas.

Michelle también tiene una nueva **amiga íntima**. Su nombre es Annie. Annie también es **aficionada de la lectura** igual que Michelle.

En una tarde de sábado, Mel y Victoria invitan a sus **hijas** para ir juntas al cine. La película es buena, pero **Jane y Michelle apenas se hablan**. Victoria está **triste. Jane y Michelle ya no son amigas.**

En casa, Victoria habla con Michelle:

    - Tú y Jane, **¿tuvisteis una discusión?**
    - ¿No porque?
    - Ya no hablas con ella.
    - Pero no, si nos estamos hablando.
    - Pero ya no sois amigas.
    - Ya no tenemos los mismos **intereses**.
    - **Invítala a casa.**
    - No, gracias.
    - ¿Pero por qué?
    - Mamá, ella tiene sus amigos ahora. Y yo también, tengo a mi amiga. **No importa** si ya no somos amigas.
    - Claro, entiendo.

Una tarde, Michelle camina por el parque. Ella ve a Jane llorando en una silla.

    - Hola Jane, **¿qué está pasando?** ¿Por qué estás llorando?
    - Hola Michelle. Lucas y su familia se **mudan** a otra ciudad. **Nos separamos**.
    - Lo siento por ti.
    - Gracias.
    - ¿Dónde están tus amigos?
    - No lo sé.

Jane le sonríe a Michelle y le pregunta:

    -¿Y tú cómo estás?
    - Estoy bien gracias. No te quedes aquí **sola**. Ven a **tomarte algo conmigo**.
    - No, gracias. **No quiero molestarte**.
    - No me molestas. Te invito yo.
    - Vale, gracias, Michelle. Eres muy amable.

Las dos chicas van al restaurante. Piden jugos y crepes de chocolate. Jane le cuenta a Michelle sus problemas. Lilly no es realmente la amiga de Jane. Lilly es una aprovechadora.

Por la noche, Jane se siente mejor. Ella le cuenta el día a su madre.

Lucas se va. Jane olvida su relación con él. Jane y Michelle empiezan a **pasar tiempo juntas**. Mel y Victoria están felices.

Un día, **Victoria cae enferma**. Jane ayuda a Michelle a **cuidar a** Victoria. Annie visita a Victoria. Michelle presenta a Jane a su amiga Annie. Jane está feliz de conocerla. Michelle invita a Annie a comer en casa. Annie acepta con placer. Jane y Michelle **preparan la comida**. Las tres chicas comen juntas al mediodía. La comida es deliciosa.

Tres días después, Victoria **se recupera**. Jane invita a Michelle y Annie a ir de compras. Annie rechaza la invitación. Ella tiene unas tareas para terminar. Michelle acepta la invitación con mucho gusto. Jane y Michelle **compran** nuevos **vestidos**, **zapatos** y **pantalones**. Compran un hermoso **collar** para Annie. Michelle compra un **abrigo** para su madre. Jane compra una **chaqueta** para su madre.

Hacia el final del **año escolar, Jane no aprueba sus exámenes. Ella repite sus clases de primero**. Jane se arrepiente. Ella le pide a Michelle que se quede con ella. Michelle le dice a Jane que ella sigue siendo su amiga. Jane decide no **descuidar** más **sus estudios**.

Jane y Michelle se vuelven casi inseparables. **Michelle ayuda a Jane a tener éxito en sus estudios**. Jane está feliz. Michelle y Jane son otra vez amigas cercanas como antes.

Estória 2: Uma grande família

Lea vem de uma **grande família**. Ela tem três **irmãos**. O nome do seu pai é George. O nome da sua mãe é Lydie. O casamento entre George e Lydie é **um casamento arranjado**.

Sua primeira filha **nasceu** um ano depois do **casamento**. Sua **filha mais velha** se chama Maria. Richard é o segundo filho. Ele tem o mesmo nome que o seu **bisavô**, o pai do seu avô. Léa é a terceira filha dos seus pais. Gina é a **irmã mais nova** da Léa. Gina é a **mais nova** da família. **Ela se parece muito com sua mãe.**

Lea tem sete **primos de primeiro grau** do lado do seu pai, quatro meninas e três meninos. E ela tem sete primos de primeiro grau do lado da sua mãe, cinco meninas e dois meninos. Léa e seus irmãos são próximos à sua **família materna**. Leah e Gina com frequência visitam sua **Tia** Jocelyne: **a irmã mais nova** da Lydie. Sua avó materna é muito **gentil**. Sua avó paterna é rígida. Ambos os seus avôs já **faleceram**.

Luc é um amigo da família. Ele também é o **vizinho**. Luc é um **pai solteiro**. O nome da sua filha é Catherine. A Catherine é **filha única**. E ela é uma **órfã materna**. Léa e Catherine são muito próximas. Leah é **quase** uma irmã para a Catherine.

Alguns membros da família do George vivem **no exterior**. O irmão mais velho do George mora na França. Sua esposa é francesa. Duas crianças de **raça mista** nasceram de sua união. Todos os anos, George organiza uma grande festa na qual toda a família se reúne. George está feliz de ver seus irmãos e irmãs, assim como seus **sobrinhos** e sobrinhas.

Depois de dez anos de casamento, George e Lydie começaram a discutir frequentemente. Eles têm **problemas conjugais**. Lydie **está atraída ao** Luke. George tem uma **amante**. Seu nome é Gisèle. Ela tem trinta anos de idade. **George e Lydie já não se amam.** Seu casamento é um erro. Eles estão se divorciando. Seus filhos estão **chateados**. Mas esta é a melhor decisão a se tomar.

George deixa a casa. Ele se muda para a casa da Gisele. Gina está **chorando**. Lydie explica que seu pai já não vive com eles. Mas que ele ainda ama a Gina e seus irmãos. Lea **consola** sua irmãzinha. **Richard a carrega em seus braços**. George continua sendo amigo da sua **ex-esposa**. **Lydie começa um relacionamento romântico com Luke.**

Seis meses depois, George se casa novamente. Ele convida a Lydie, Luc e os filhos para o seu casamento. Mas Lydie não quer ir. Gina e Luke ficam em casa com Lydie. Maria, Richard e Léa vão ao casamento.

Lydie e Luc vivem em **coabitação** com seus filhos. Lea está satisfeita por viver com a Catherine. Além disso, Léa ama o Luc. Ele é como um segundo pai para ela. A antiga casa de Luc e Catherine está **para alugar**.

Os novos **inquilinos** são um casal de idosos **aposentados**: Christophe e Christine Wilson. Eles estão sozinhos. Seus filhos e **netos** moram no exterior há anos. Para dar as boas-vindas a Christophe e Christine, Maria prepara um lindo **bolo para eles**. Christine agradece com **carinho**. Ela convida a Maria e todas as crianças para **experimentarem** o bolo com seu **marido**. Maria chama o Richard, Leah, Gina e Catherine para comerem bolo na casa dos Wilson. Maria os apresenta aos novos vizinhos.

Gisele engravida. Nove meses depois, **Gisele dá à luz ao seu primeiro filho**. Seu nome é Lionel. A irmãzinha do Lionel nasce após **um ano e meio**. Seu nome é Prisca. Ela é loira como sua mãe.

O tempo passa. As crianças crescem. Os mais velhos se tornam jovens adultos e os mais novos se tornam adolescentes. Leah se dá bem com seu **meio-irmão** e sua meia-irmã. Com Gina, ela os convida a comer pizza juntos. Leah e Gina se conhecem melhor. Logo, uma amizade nasce entre as duas.

Nesse meio tempo, sentimentos começam a aparecer entre Richard e Catherine. **Eles se apaixonam**. Mas **eles têm medo** da reação de Luc e Lydie. Eles escondem seu relacionamento de todos **menos** Léa. Mas mais cedo ou mais tarde, Luc e Lydia **descobrem** o relacionamento dos dois **pombinhos**. Os pais aprovam o relacionamento.

Um ano mais tarde, **Richard pede a mão de Catherine em casamento**. Catherine **pula** nos braços de Richard e aceita. Richard e Catherine organizam seu **noivado**. Lea está feliz. Sua melhor amiga se tornou sua **cunhada**. Leah ajuda seu irmão a escolher um **anel de noivado** para a Catherine. Durante a festa de noivado, George convida sua **nora** para dançar. Seu **neto** nasceu doze meses depois. Seu nome é Peter. Peter tem os olhos da sua mãe, Catherine.

Após um tempo, é a vez da Maria casar-se. Seu marido é um **homem bonito**, alto e rico. Seu nome é John Jackson. Infelizmente, o casal não pode ter filhos. A mãe do John está **chateada** com esta situação. Seu filho único deve ter um **herdeiro. Maria está sob muita pressão** dos seus **sogros**. Ela **se pergunta** se deve se separar do John. John diz para ela nem pensar nisto. Ela é sua esposa e ele a ama. Eles precisam **lidar com o problema** juntos. Para resolver o problema, John e Maria adotam um filho. E três anos mais tarde, um milagre acontece. Maria acaba engravidando. Ela dá à luz a uma linda menininha: Lucia.

Vocabulario

Uma grande família	Una familia numerosa
irmãos	Hermanos
um casamento arranjado	Un matrimonio concertado
Nasceu	Nace
Casamento	Boda
Filha mais velha	Hija mayor
Bisavô	Bisabuelo
Irmã mais nova	Hermana menor
Mais nova	La más joven
Ela se parece muito com sua mãe	Ella se parece mucho a su madre
Primos de primeiro grau	Primo(s) hermano(s)
Família materna	La familia del lado de la madre
Tia	Tía
Irmã mais nova	La hermana pequeña
Gentil	Amable
Faleceram	Muerto(s)
Vizinho	Un vecino
Pai solteiro	Padre soltero
Filha única	Única hija
Órfã materna	Huérfana de madre

Quase	Casi
No exterior	En el extranjero
Raça mista	Etnia mixta
Sobrinhos	Sobrino(s)
Problemas conjugais	Problemas maritales
Está atraída	Atraída por
Amante	Amante
George e Lydie já não se amam	George y Lydie ya no se aman
Chateados	Destrozados
Chorando	Llorar
Consola	Consolar
Richard a carrega em seus braços	Richard la toma entre sus brazos
Ex-esposa	Ex-esposa
Lydie começa um relacionamento romântico com Luke	Lydie comienza una relación romántica con Luc
Coabitação	Conviven
Para alugar	En alquiler
Inquilinos	Inquilino(s)
Aposentados	Jubilada(s)
Netos	Nietos
Bolo	Pastel

Com carinho	Calurosamente
Experimentarem	Probar
Marido	Esposo
Gisele engravida	Gisèle queda embarazada
Gisele dá à luz ao seu primeiro gilho	Gisèle da a la luz su primer hijo
Um ano e meio	Un año y medio
O tempo passa	El tiempo pasa
Meio-irmão	Hermanastro
Nesse meio tempo	Mientras tanto
Sentimentos	Sentimientos
Eles se apaixonam	Ellos se enamoran
Eles têm medo	Tienen miedo
Menos	Excepto
Descobrem	Descubrir
Pombinhos	Enamorados
Richard pede a mão de Catherine em casamento	Richard le pide a Catherine que se case con él
Pula	Saltar
Noivado	Compromiso
Anel de noivado	Anillo de compromiso
Nora	Nuera
Cunhada	Cuñada
Neto	Nieto

Homem bonito	Guapo
Chateada	Contrariada
Herdeiro	Heredero
Maria está sob muita pressão	Maria está bajo mucha presión
Sogros	Suegros
Se pergunta	Preguntarse
Lidar com o problema	Lidiar con su problema

Historia 2: Una familia numerosa.

Lea viene de una **familia numerosa**. Ella tiene tres **hermanos**. Su padre se llama George y su madre Lydie. El matrimonio de George y Lydie es **un matrimonio concertado**.

Su primer hijo **nace** un año después de su **boda**. Su **hija mayor** se llama Maria. Richard es el segundo hijo. Tiene el mismo nombre que su **bisabuelo**, el padre de su padre. Léa es la tercera hija de sus padres. Gina es la **hermana menor** de Léa. Gina es **la más joven** de la familia. **Ella se parece mucho a su madre.**

Léa tiene siete **primos hermanos** por parte de su padre, cuatro niñas y tres niños. Y tiene siete primos hermanos por parte de su madre, cinco niñas y dos niños. Léa y sus hermanos están cercanos **a la familia del lado de la madre**. Léa y Gina visitan a menudo a su **tía** Jocelyne: **la hermana pequeña** de Lydie. Su abuela materna es muy **amable**. Su abuela paterna es estricta. Sus dos abuelos ya están **muertos**.

Luc es un amigo de la familia. Y él también es **un vecino**. Luc es un **padre soltero**. El nombre de su hija es Catherine. Catherine es la **única hija**. Y ella es **huérfana de madre**. Léa y Catherine son muy cercanas. Léa es **casi** como una hermana para Catherine.

Algunos miembros de la familia de George viven **en el extranjero**. El hermano mayor de George vive en Francia. Su esposa es francesa. Dos hijos de **etnia mixta** nacen de su unión. Cada año, George organiza una gran fiesta donde se reúne toda la familia. George está feliz de ver a sus hermanos y hermanas, así como a sus **sobrinos** y sobrinas.

Después de diez años de matrimonio, George y Lydie comienzan a discutir con frecuencia. Tienen **problemas maritales**. Lydie **se siente atraída por** Luc. George tiene una **amante**. Su nombre es Gisèle. Ella tiene treinta años. **George y Lydie ya no se aman.** Su matrimonio ha sido un error. Se están divorciando. Sus hijos están **destrozados**. Pero esta es la mejor decisión.

George sale de la casa. Se traslada a la casa de Gisèle. Gina está **llorando**. Lydie explica que su padre ya no vive con ellos, pero que todavía ama a Gina y a sus hermanos. Lea **consuela** a su hermanita. **Richard la toma entre sus brazos**. George se mantiene en buenos términos con su **ex-esposa**. **Lydie comienza una relación romántica con Luc**.

Seis meses después, George se vuelve a casar. Invita a Lydie, Luc y los niños a su boda. Pero Lydie no quiere ir. Gina y Luc se quedan en casa con Lydie. Maria, Richard y Léa asisten a la boda.

Lydie y Luc **conviven** con sus hijos. Léa está encantada de vivir con Catherine. Además, a Léa le encanta Luc. Él es como un segundo padre para ella. La vieja casa de Luc y Catherine está **en alquiler**.

Los nuevos **inquilinos** son una vieja pareja **jubilada**: Christophe y Christine Wilson. Ellos están solos. Sus hijos y **nietos** viven en el extranjero desde hace años. Para dar la bienvenida a Christophe y Christine, Maria les prepara un buen **pastel**. Christine le agradece **calurosamente**. Invita a Maria y a todos los demás niños a **probar** el pastel con su **esposo**. Maria llama a Richard, Léa, Gina y Catherine para comer el pastel en la casa de los Wilson. Maria les presenta a los nuevos vecinos.

Gisèle queda embarazada. Nueve meses después, **Giséle da a luz a su primer hijo**. Su nombre es Lionel. La hermana pequeña de Lionel nace después de **un año y medio**. Su nombre es Prisca. Ella es rubia como su madre.

El tiempo pasa. Los niños crecen. Los mayores se convierten en adultos y los más jóvenes en adolescentes. Léa se lleva bien con su **hermanastro** y su hermanastra. Con Gina, los invita a comer pizzas juntos. Léa y Gina los conocen mejor. Pronto, nace una amistad entre ellos.

Mientras tanto, los **sentimientos** nacen entre Richard y Catherine. **Ellos se enamoran**. **Pero tienen miedo** de la reacción de Luc y Lydie. Ocultan su relación con todos **excepto** con Léa. Pero tarde o temprano, Luc y Lydia **descubren** la relación de los dos **enamorados**. Sus padres aprueban su relación.

Un año después, **Richard le pide a Catherine que se case con él**. Catherine **salta** a los brazos de Richard y acepta. Richard y Catherine organizan su **compromiso**. Léa está feliz. Su mejor amiga se convierte en su **cuñada**. Léa ayuda a su hermano a elegir un **anillo de compromiso** para Catherine. Durante la fiesta de compromiso, George invita a su **cuñada** a bailar. Su **nieto** nace doce meses después. Su nombre es Pedro. Pedro tiene los ojos de su madre Catherine.

Después de un tiempo, es el turno de Maria de casarse. Su marido es un hombre alto, rico y **guapo**. Su nombre es John Jackson. Lamentablemente, la pareja no puede tener hijos. La madre de John está **contrariada** por la situación. Su único hijo debe tener un **heredero**. **Maria está bajo mucha presión** por culpa de sus **suegros**. Ella **se pregunta** si debería de separarse de John. John le dice que nunca piense en eso. Ella es su esposa y él la ama. Tienen **que lidiar con su problema** juntos. Para resolver su problema, John y Maria adoptan a un hijo. Y tres años después, se realiza un milagro. Maria se queda embarazada. Ella da a luz a una niña bonita: Lucia.

Estória 3: Uma paixão pela música

Cantar é o **passatempo** favorito do Christian. O nome da sua mãe é Jeanne. O nome do seu pai é Alain. Entre seus dois e quatro anos de idade, Christian ama **ouvir rimas de ninar**. Ele gosta de **cantarolá-las.** Aos cinco anos, Christian pode **ler**. Ele gosta de **brincar de karaokê.**

Aos nove anos, ele participa de um **concurso de canto** para crianças. Christian é muito talentoso. Os membros do júri estão impressionados. Christian está **entre** os finalistas do concurso. **O vencedor do concurso** é um menino de doze anos. **Christian fica em segundo lugar.** Ele ganha um **video game**, uma bicicleta, **dinheiro** e **férias no exterior**. Ele também ganha uma entrada para a Disneylândia.

Alain e Jeanne estão muito orgulhosos do seu filho. Eles **o parabenizam** e **o beijam**.

Alain e Jeanne estão organizando uma grande **festa** para o décimo aniversário do Christian. Eles convidam toda a família e alguns **colegas de classe**. Às quatro horas, **Christian faz um pedido**. Então **ele assopra as velas** do bolo de aniversário. **Todos** aplaudem. Os convidados oferecem **presentes** ao Christian.

Às seis horas, a festa termina. As pessoas estão indo para casa. Os pais do Christian os agradecem. **Christian abre seus presentes.** Christian **ganha** novos sapatos, novas **roupas** e novos **brinquedos**. Seus pais o oferecem **patins**.

Para o jantar, Jeanne prepara seu **prato favorito**. Às oito horas, eles jantam. Eles comem macarrão com **queijo**.

Christian vê um velho violão **no armário. Christian aprende sozinho a tocar o violão.** Sua mãe **percebe**. Ela compra um novo violão para ele. **Ela procura** uma escola de música para o seu **filho**. Christian começa a ter **aulas de violão**.

Aos onze anos, Christian canta em uma festa na sua escola. Um **professor de canto** percebe. **Ele cumprimenta o Christian** e seus pais. E então ele se apresenta. Ele é professor de canto há vinte e cinco anos. Christian tem uma linda voz. Cyril quer ensiná-lo a cantar. Jeanne e Alain aceitam a proposta. É uma ótima oportunidade. Christian conhece outra estudante do Cyril. Seu nome é Anna. Anna toca piano. **Christian e Anna têm a mesma idade. Eles se tornam amigos.**

Aos doze anos, Christian entra na sexta série. No ensino fundamental, ele tem notas baixas. Christian está muito focado na música e no canto. Seu pai pede que ele foque nos estudos. Christian **abandona** a música. Ele consegue melhores notas na escola.

Aos dezesseis, Christian entra no ensino médio. Ele aprende a **gerenciar seu tempo** para **hobbies** e estudar. Ele continua com a música e o canto. No ensino médio, Christian conhece outros jovens. Eles também fazem música. Ken toca guitarra. E Nick toca bateria. **Christian se dá bem com Nick e Ken**. Nick convida Christian e Ken para tocarem juntos. Ele tem um estúdio em casa. **Ele tem uma bateria**, um violão e um sintetizador. Christian convida a Anna para tocar com eles.

No sábado de manhã, Christian, Ken e Anna vão à casa do Nick. Nick apresenta seus novos amigos aos seus pais. O pai do nick é um ex-**baterista**. Sua mãe é uma ex-**corista**. Sua **irmã mais velha** toca o **violino**. Nick vem de uma família de artistas.

Os quatro jovens entram no estúdio. Todos tocam seu instrumento musical. Eles tocam **canções famosas**. Christian e Anna estão cantando **ao mesmo tempo**. A mãe do Nick oferece **suco** a todos. Os quatro jovens se tornam inseparáveis. O amor pela música os une.

Alguns meses depois, Cyril os convida para animar uma festa. Christian, Anna, Nick e Ken estão animados. Mas **eles têm medo do palco. Anna se encabula.** Ken está **suando**. Nick tem uma **dor no estômago. As mãos do Christian tremem**. Ele e seus amigos tocam **no palco** pela primeira vez. Seus pais e familiares estão presentes.

Finalmente, **tudo vai bem**. O **sistema de som** é impecável. Os **cantores** cantam bem. A lista de canções é bem escolhida. Todos estão satisfeitos. O grupo é parabenizado pelo público. Cyril está feliz com sua **performance**. Ele lhes oferece um **pagamento**.

Anoitece. Christian está com uma fome de leão. Alain quer **comemorar** seu primeiro **sucesso**. Ele convida os quatro músicos ao restaurante. Ele também convida o Cyril.

O tempo passa. Christian e seus amigos terminam o ensino médio. Anna deixa o país. Ela continua a estudar no exterior. **Seus estudos duram vários anos.** Christian está **muito triste. Seu coração está partido.**

Christian acorda no meio da noite. Ele está inspirado pela partida da sua amiga. Ele pega um papel e **caneta**. Ele escreve a **letra** de uma música. Então Christian pega seu violão. Ele compõe a melodia da canção. É uma canção melancólica. O primeiro **verso fala** de um amor impossível. O segundo verso fala da separação. O **refrão descreve** os sentimentos do cantor.

No próximo dia, Christian canta sua canção com seu violão. Ken, Nick, Cyril, Jeanne e Alain o escutam. **Os pais do Christian estão emocionados com a canção**. É uma canção muito **comovente**. E é uma linda declaração de amor. Ken e Nick amam a canção.

Os três jovens começam suas carreiras profissionais na música. Eles contratam uma nova pianista. Seu nome é June. June é a sobrinha do Cyril. Christian, Nick, Ken e June criam sua banda. Eles a chamam de "Ong'Stu". Então **eles gravam** a **canção** do Christian. O **título da canção** é "Para você". Um mês depois, **eles lançam seu primeiro single**. Em alguns dias, a canção se torna **um hit**. Christian dedica a canção à Anna. Anna está emocionada. Ela agradece o Christian.

Cyril compõe três canções para a banda Ong'Stu. Chrisitan e June também compõem outras canções. Alain e Cyril os ajudam.

Seis meses depois, Christian, June, Nick e Ken lançam seu primeiro álbum de canções. Seis semanas depois, eles fazem seu primeiro show. **Os fãs enchem o auditório**. Os fãs **sabem as canções de cor**. O show dura uma hora e meia.

Christian pensa na Anna. **Seu sonho se tornou realidade.**

Vocabulario

Cantar	Canto
Passatempo	Pasatiempo
Ouvir	Escuchar
Rimas de ninar	Canciones infantiles
Cantarolá-las	Tararear
Ler	Leer
Brincar de karaokê	Jugar al karaoke
Concurso de canto	Un concurso de canto
Entre	Entre
O vencedor do concurso	El ganador del concurso
Christian fica em segundo lugar	Christian gana el segundo premio
Ele faz aulas de música	Él toma clases de música
video game	Una consola de juegos
dinheiro	Dinero
férias no exterior	Vaciones al extranjero
Parabenizam	Se congratulan
Beijam	Besar
Festa	Fiesta
Colegas de classe	Compañero(s) de clase
Faz um pedido	Pedir un deseo (Christian pide un deseo)

Assopra as belas	Soplar las velas (él sopla las velas)
Todos	Todo el mundo
Presente(s)	Regalo(s)
Abre seus presentes	Desempaqueta sus regalos
ganha	Recibir
roupas	Ropa
brinquedos	Juguetes
patins	Patines
prato favorito	Comida favorita
queijo	Queso
no armário	El armario
Christian aprende sozinho a tocar o violão	Aprende a tocar la guitarra
Percebe	Notare (su madre lo nota)
Procura	Buscar (ella busca)
Filho	Hijo
Aulas de violão	Clases de guitarra
Professor de canto	Profesor de canto
Christian e Anna têm a mesma idade	Christian y Anna tienen la misma edad
Eles se tornam amigos	Ellos se vuelven amigos
Cumprimenta	Saludar (él saluda a Christian)
Abandona	Dejar (Christian deja la música)

Gerenciar seu tempo	Administrar su tiempo
hobbies	Pasatiempos
Se dá bem com	Llevarse bien (Christian se lleva bien con Nick y Ken)
Tem	Tener (él tiene)
Bateria	Batería
Baterista	Baterista
Irmã mais velha	Hermana mayor
Corista	Corista
Violino	Violín
Canções famosas	Canciones famosas
Ao mesmo tempo	Al mismo tiempo
Suco	Zumo
Eles têm medo do palco	Tienen pánico al escenario
Encabula	Ponerse rojo (Anna se pone roja)
Suando	Sudado
Estômago	Estómago
Mãos	Mano(s)
Tremem	Temblar (A Christian le tiemblan las manos)
No palco	En el escenario
Sistema de som	Sistema de sonido
Cantor(es)	Cantante(s)
Performance	Exhibición

Pagamento	Paga
Anoitece	Cae la noche
Christian está com uma fome de leão	Christian se muere de hambre
Comemorar	Celebrar
Sucesso	Éxito
Seus estudos duram vários anos	Sus estudios duran varios años
Muito triste	Muy triste
Tudo vai bem	Todo bien
Seu coração está partido	Su corazón está roto
Christian acorda no meio da noite	Christian se despierta en medio de la noche
Caneta	Bolígrafo
Letra	Letra
Verso	Strofa
Fala	Narra
Refrão	Estribillo
Descreve	Describir (el estribillo describe)
No próximo dia	El día siguiente
Os pais do Christian estão emocionados com a canção	Los padres de Christian están conmovidos por la canción
Comovente	Conmovedora

Eles gravam a canção	Ellos graban la canción
Título da canção	Título de la canción
Eles lançam seu primeiro single	Lanzan su primer single
Hit	Canción de éxito
Enchem	Llenar (los fanes llenan el auditorio)
De cor	De memoria
Seu sonho se tornou realidade	Su sueño se hace realidad

Historia 3: Una pasión por la música

El canto es el **pasatiempo** favorito de Christian. Su madre se llama Jeanne y su padre Alain. Entre los dos y los cuatro años, a Christian le encanta **escuchar canciones infantiles**. Le gusta **tararearlas**. A los cinco, Christian sabe **leer**. Le gusta **jugar al karaoke**.

A los nueve años, participa en **un concurso de canto** para niños. Christian tiene mucho talento. Los miembros del jurado están impresionados. Christian se encuentra **entre** los finalistas de la competición. **El ganador del concurso** es un niño de doce años. **Christian gana el segundo premio.** Consigue una **consola de juegos**, una bicicleta, **dinero** y **vacaciones al extranjero**. También gana una entrada para Disneyland.

Alain y Jeanne están muy orgullosos de su hijo. **Se congratulan** con él y **lo besan**.

Alain y Jeanne organizan una gran **fiesta** por el décimo cumpleaños de Christian. Invitan a toda la familia y algunos **compañeros de clase**. A las cuatro en punto, **Christian pide un deseo**. Luego **sopla las velas** en el pastel de cumpleaños. **Todo el mundo** aplaude. Los invitados ofrecen **regalos** a Christian.

A las seis en punto termina la fiesta. La gente se va a casa. Los padres de Christian les agradecen. **Christian desempaqueta sus regalos.** Christian **recibe** nuevos zapatos, **ropa** nueva y **juguetes** nuevos. Sus padres le regalan unos **patines**.

Para la cena, Jeanne prepara su **comida favorita**. A las ocho en punto cenan. Ellos comen macarrones con **queso**.

Christian ve una vieja guitarra en **el armario**. Christian **aprende a tocar la guitarra**. Su madre lo **nota**. Ella le compra una guitarra nueva. **Ella busca** una escuela de música para su **hijo**. Christian comienza sus **clases de guitarra**.

A las once, Christian canta durante una fiesta en su escuela. Un **profesor de canto** lo nota. **Él saluda a Christian** y a sus padres. Luego se presenta. Ha sido profesor de canto durante veinticinco años. Christian tiene una voz preciosa. Cyril quiere enseñarle a cantar. Jeanne y Alain aceptan la propuesta. Es una gran oportunidad. Christian se encuentra con otro alumno de Cyril. Su nombre es Anna. Anna toca el piano. **Christian y Anna tienen la misma edad. Ellos se vuelven amigos**.

A los doce años, Christian empieza su sexto año se secundaria. En la secundaria, obtiene malas notas. Christian está demasiado concentrado en la música y el canto. Su padre le pide que se enfoque en los estudios. Cristian **deja** la música. Obtiene notas mejores en la escuela.

A los dieciséis años, Christian entra en el instituto. Aprende a **administrar su tiempo** para **pasatiempos** y estudios. Sigue con la música y el canto. Christian conoce a otros jóvenes. También hacen música. Ken toca la guitarra y Nick toca la batería. **Christian se lleva bien con Nick y Ken**. Nick invita a Christian y a Ken a tocar juntos. Él tiene un estudio en casa. **Él tiene batería**, una guitarra acústica y un sintetizador. Christian invita a Anna a tocar con ellos.

El sábado por la mañana, Christian, Ken y Anna van a la casa de Nick. Nick presenta a sus nuevos amigos a sus padres. El padre de Nick es un ex **baterista**. Su madre es una ex **corista**. Su **hermana mayor** toca el **violín**. Nick viene de una familia de artistas.

Los cuatro jóvenes entran en el estudio. Todos tocan su instrumento musical. Tocan **canciones famosas**. Christian y Anna cantan **al mismo tiempo**. La mamá de Nick ofrece **zumo** a todos. Los cuatro jóvenes se vuelven inseparables. El amor por la música los une.

Unos meses más tarde, Cyril los llama para animar una fiesta. Christian, Anna, Nick y Ken están emocionados. Pero **tienen pánico al escenario. Anna se pone roja**. Ken ha **sudado**. Nick tiene un **dolor de estómago. A Christian le tiemblan las manos**. Él y sus amigos tocan **en el escenario** por primera vez. Sus padres y sus familias están presentes.

Finalmente, **todo sale bien**. El **sistema de sonido** es impecable. Los **cantantes** cantan bien. La lista de canciones está bien elegida. Todos los presentes están satisfechos. El grupo recibe felicitaciones públicas. Cyril está feliz por la **exhibición** de los chicos. Él les da su **paga**.

Cae la noche. Christian se muere de hambre. Alain quiere **celebrar** este primer **éxito**. Invita a los cuatro músicos al restaurante. También invita a Cyril.

El tiempo pasa. Christian y sus amigos terminan sus estudios en el colegio. Anna se muda a otro país. Ella continúa sus estudios en el extranjero. **Sus estudios duran varios años**. Christian está **muy triste. Su corazón está roto**.

Christian se despierta en medio de la noche. Está inspirado por la despedida de su amiga. Toma un papel y un **bolígrafo**. Escribe la **letra** de una canción. Luego Christian toma su guitarra. Él compone la melodía de la canción. Es una canción melancólica. La primera estrofa **narra de** un amor imposible. La segunda de la separación. El **estribillo describe** los sentimientos del cantante.

El día siguiente, Christian canta su canción con su guitarra. Ken, Nick, Cyril, Jeanne y Alain lo escuchan. **Los padres de Christian están conmovidos por la canción**. Es una canción muy **conmovedora**. Y es una hermosa declaración de amor. A Ken y Nick les encanta la canción.

Los tres jóvenes comienzan su carrera profesional en la música. Reclutan a un nuevo pianista. Su nombre es June. June es la sobrina de Cyril. Christian, Nick, Ken y June crean su banda. Lo llaman "Ong'Stu". Luego **ellos graban** la **canción** de Christian. El **título de la canción** es "Para ti". Un mes después, **lanzan su primer single**. En unos pocos días, este se convierte en una **canción de éxito**. Christian le dedica la canción a Anna. Anna se conmueve. Ella le da las gracias a Christian.

Cyril compone tres canciones para la banda Ong'Stu. Christian y June también componen otras canciones. Alain y Cyril los ayudan.

Después de seis meses, Christian, June, Nick y Ken lanzan su primer álbum de canciones. Seis semanas después, hacen su primer concierto. **Los fanes llenan el auditorio**. Los fanes conocen las canciones **de memoria**. El espectáculo dura una hora y media.

Christian piensa en Anna. **Su sueño se hace realidad.**

Estória 4: A vida de uma família normal

Aline tem treze anos. Ela é uma **estudante**. Ela ama escrever. Sua mãe a oferece um **diário**. Ela escreve seus **pensamentos** neste diário. **Ela o guarda** em sua **gaveta**.

De segunda a sexta, **Aline acorda** às seis da manhã. **Ela toma banho**. Na quarta-feira, **ela lava o cabelo. Ela limpa o ouvido. Ela escova os dentes**. Ela corta suas **unhas**. Ela sai do **banheiro** às seis e quarenta e cinco. **Ela se seca** com uma **toalha. Ela se veste e coloca seus sapatos. Ela penteia seu cabelo**. Ela pega sua **mochila**. E então ela sai do **quarto**.

Às sete horas, ela vai à **sala de jantar. Ela toma café da manhã** com seu pai. Às sete e quinze, ela sai de casa. Ela vai ao **ponto de ônibus**. Ela pega o ônibus. Às sete e quarenta e cinco ela chega na escola.

O sino toca às sete e cinquenta. Os estudantes vão às **salas de aula**. Todos **sentam** nos seus lugares. As aulas começam. O intervalo é às nove e quarenta e cinco. As aulas continuam às dez horas. No turno da manhã, as aulas terminam ao meio-dia.

Aline vai à **cantina**. Ela **almoça** com duas amigas. Após o almoço, ela vai à biblioteca da escola. Ela escolhe um lugar. Ela lê, escreve ou **faz a lição de casa**. Às vezes ela **cai no sono**.

Durante a **tarde**, as aulas começam à 13:30. Elas terminam às cinco horas. Aline pega o ônibus de volta. Aline chega em casa às dezoito horas. Ela **põe** sua mochila no seu quarto. Ela desce e pega um **lanche**. Ela descansa até sua mãe chegar.

A família janta por volta das oito horas. Então Aline tira seus sapatos, **tira sua roupa** e toma banho. Ela coloca sua roupa suja no **cesto de roupa suja**. Ela veste seus pijamas. Então ela **estuda** para suas aulas e faz a lição de casa. Ela reconta seu dia no seu diário. Por volta das vinte e uma horas, ela vai para a cama. Ela lê e cai no sono.

No sábado, Aline acorda por volta das nove e meia. Aline é estudiosa. No sábado de manhã, ela termina sua lição de casa que ficou **incompleta** do **dia anterior**. Então ela estuda ou revisa suas lições.

No sábado à tarde, Aline vai à aula de balé. Sua mãe a leva. Então **ela busca Aline** às quatro horas.

No domingo, Aline faz algumas atividades com sua família. Eles ficam em casa ou saem.

A irmã mais velha da Aline é a Leslie. Ela tem vinte e cinco anos de idade. Ela é **uma jovem recém-formada. Leslie está desempregada.** Ela vive com seus pais. Ela adora **passar tempo** com seus amigos. Ela gosta de **fofocar com** uma amiga. Ela também ama **maquiagem.**

Todas as manhãs, Leslie acorda às dez horas. Ela se arruma e sai de casa. **Ela tranca a porta.** Ela vai à garagem da casa. Ela coloca o seu **capacete. Ela liga a motocicleta** e vai embora.

Leslie tem um emprego temporário. Ela é uma **garçonete** em um pequeno restaurante. **Ela trabalha meio período.** Às dez e vinte, ela chega no restaurante. Ela toma café e come **pão com manteiga.** Então ela veste seu **uniforme de garçonete.** Ela começa a trabalhar.

Quentin é um **cliente frequente** do restaurante. **Ele está cortejando a Leslie.** Todos os dias, Quentin dá uma **generosa gorjeta** à Leslie. A jovem está **desconfortável.**

À uma hora da tarde, ela tem um intervalo de quinze minutos. **Ela come um lanche** e continua seus serviços. **Leslie não come muito.** Ela tem medo de **engordar. Ela é praticamente pele e osso.**

Às seis horas, Leslie termina seus serviços. Às seis e meia, ela encontra seus amigos em um bar.

Na sexta-feira à noite, Leslie e seus amigos vão para **boates.** Ela volta à uma hora da manhã. Às vezes uma amiga dorme na sua casa. No sábado pela manhã, Leslie está **exausta. Ela dorme até tarde.** Leslie acorda por volta do meio-dia. Ela está almoçando. À tarde, ela assiste novelas ou vai ao cinema com seus amigos.

O nome da mãe da Leslie e da Aline é Stephy. Stephy é uma **professora** do ensino fundamental. Stephy ama crianças e seu trabalho. Todas as noites, ela prepara as aulas do próximo dia para as crianças. Após os exames, ela às vezes **fica acordada até tarde. Ela corrige as provas dos seus estudantes.** Stephy sabe os nomes de todos os seus estudantes. Nas quartas à tarde, **não tem aula. Ela tem um pouco de tempo livre.**

O nome do marido de Stephy é Rob. **Rob trabalha com ciência da computação.** Rob é um programador. Ele trabalha em um escritório. Ele está **sempre** sentado na frente de um **computador.** Ele **digita** linhas de código no **teclado.** Rob também é responsável pela manutenção dos computadores no seu trabalho. Ele é o **gerente de TI. Rob trabalha muitas horas extra.** Aline acha que **ele trabalha demais.** Aline tem medo que seu pai esteja **trabalhando demais**

Vocabulario

Estudante	Estudiante
Diário	Diario
Pensamentos	Pensamientos
Guarda	Guardar (ella lo guarda)
Gaveta	Cajón
acorda	Despertarse (Aline se despierta)
toma banho	Ducharse (ella se ducha)
ela lava o cabelo	Se lava el pelo
ela limpa o ouvido	Se limpia los oídos
ela escova os dentes	Se cepilla los dientes
unhas	Uñas
banheiro	Baño
ela se seca	Secarse (se seca)
toalha	Toalla
ela se veste e coloca seus sapatos	Se viste y se pone los zapatos
ela penteia seu cabelo	Se peina el pelo
mochila	Mochila
quarto	Habitación
sala de jantar	Comedor
toma café da manhã	Desayunar (ella desayuna)

ponto de ônibus	Parada del autobús
O sino toca	El timbre suena
salas de aula	Aula
sentam	Se sientan
cantina	Cafetería
almoça	Almorzar
faz a lição de casa	Hacer los deberes (hace sus deberes)
cai no sono	Se duerme
tarde	Tarde
põe	Poner
lanche	Tentempié
cesto de roupa suja	Cubo de la lavandería
tira sua roupa	Desvestirse (se desviste)
estuda	Estudiar (estudia)
incompleta	Inacabado(s)
do dia anterior/da tarde anterior/da noite anterior	El día anterior
ela busca Aline	Recoge a Aline
jovem recém-formada	Joven graduada
Leslie está desempregada	Leslie está desempleada
passar tempo	Pasar tiempo
fofocar com	Chismear con
mauqiagem	Maquillaje

Ela tranca a porta	Ella cierra la puerta
capacete	Casco de su motocicleta
Ela liga a motocicleta	Ella arranca la moto
garçonete	Camarera
Ela trabalha meio período	Ella trabaja a tiempo parcial
pão com manteiga	Pan y mantequilla
uniforme de garçonete	Uniforme de camarera
cliente frequente	Cliente habitual
Ele está cortejando a Leslie	Él corteja a Leslie
generosa gorjeta	Propina generosa
desconfortável	Incómoda
Ela come um lanche	Tomar un tentempié (ella toma un tentempié)
Leslie não come muito	Leslie no come mucho
engordar	Engordar
Ela é praticamente pele e osso	Ella es toda piel y huesos
boates	Clubes nocturnos
exausta	Agotada
Ela dorme até tarde	Ella duerme hasta tarde por la mañana
Professora	Maestra
fica acordada até tarde	Se va tarde a la cama
Ela corrige as provas dos seus estudantes	Ella corrige los exámenes de sus alumnos
não tem aula	No hay escuela

Ela tem um pouco de tempo livre	Ella tiene algo de tiempo libre
Rob trabalha com ciência da computação	Rob trabaja en el campo informático
Sempre	Siempre
Computador	Ordenador
Digita	Escibir (él escribe)
Teclado	Teclado
gerente de TI	Ejecutivo de informática
Rob trabalha muitas horas extra	Rob trabaja muchas horas extra
Ele trabalha demais	Él trabaja demasiado
trabalhando demais	Trabajar demasiado (su padre trabaje demasiado)

Historia 4: La vida de una familia ordinaria.

Aline tiene trece años. Ella es una **estudiante**. A ella le encanta escribir. Su madre le regala un **diario**. Ella escribe sus **pensamientos** en este diario. **Ella lo guarda** en su **cajón**.

De lunes a viernes, Aline **se despierta** a las seis y media de la mañana. **Ella se ducha**. El miércoles, **se lava el pelo**. **Se limpia los oídos**. **Se cepilla los dientes**. Se corta las **uñas**. Ella **sale del baño** a las seis cuarenta y cinco. **Se seca** con una **toalla**. **Se viste y se pone los zapatos**. **Se peina el pelo**. Ella toma su **mochila**. Sale de su **habitación**.

A las siete en punto va al **comedor**. **Ella desayuna** con su padre. A las siete y cuarto, ella sale de su casa. Va a la **parada del autobús**. Coge el autobús. A las ocho menos cuarto, llega a la escuela.

El timbre suena a las ocho menos diez. Los estudiantes van a sus **aulas**. Todos se **sientan** en su sitio. Empiezan las clases. El recreo es a las diez menos cuarto. Las clases continúan a las diez en punto. Por la mañana, las clases terminan al mediodía.

Aline va a la **cafetería**. Ella **almuerza** con dos amigas. Después del almuerzo, va a la biblioteca de la escuela. Ella encuentra un lugar donde sentarse. Lee, escribe o **hace sus deberes**. A veces ella **se duerme**.

Por la **tarde,** las clases comienzan a las 13:30. Terminan a las cinco en punto. Aline coge el autobús de vuelta. Aline llega a casa a las dieciocho en punto. Ella **pone** su bolso en su habitación. Ella baja y toma un **tentempié**. Ella se toma un descanso hasta que llega su madre.

La familia cena alrededor de las ocho. Entonces Aline se quita los zapatos, se desviste y se lava. Ella pone su ropa sucia en el **cubo de la lavandería**. Se pone su pijama. Luego **estudia** sus apuntes y hace sus deberes. Ella relata su día en su diario. Aproximadamente a las veintiuno, se acuesta. Ella lee y se queda dormida.

El sábado, Aline se despierta alrededor de las nueve y media. Aline es una chica muy estudiosa. El sábado por la mañana, termina sus deberes **inacabados** del **día anterior**. Entonces ella aprende o revisa sus lecciones.

El sábado por la tarde, Aline sigue las clases de ballet. Su madre la acompaña. Luego **recoge a Aline** a las cuatro en punto.

El domingo, Aline hace algunas actividades con su familia. Se quedan en casa o salen.

La hermana mayor de Aline se llama Leslie. Ella tiene veinticinco años y es una **joven graduada**. **Leslie está desempleada**. Ella vive con sus padres. A ella le encanta **pasar tiempo** con sus amigos. A ella le gusta **chismear con** un amigo. Ella también ama el **maquillaje.**

Cada mañana, Leslie se despierta a las diez en punto. Se prepara y sale de su casa. **Ella cierra la puerta**. Va al garaje de la casa. Se pone el **casco de su motocicleta**. Ella **arranca la moto** y se va.

Leslie tiene un trabajo temporal. Ella es una **camarera** en un pequeño restaurante. **Ella trabaja a tiempo parcial**. A las diez y veinte, llega al restaurante. Ella usa café y come **pan y mantequilla**. Luego se pone su **uniforme de camarera** y comienza a trabajar.

Quentin es un **cliente habitual** del restaurante. **Él corteja a Leslie**. Todos los días, Quentin le **da** a Leslie una **propina generosa**. La joven se siente **incómoda**.

A la una descansa unos quince minutos. **Ella toma un tentempié** y continúa sus servicios. **Leslie no come mucho**. Ella tiene miedo de **engordar. Ella es toda piel y huesos.**

A las seis en punto, Leslie termina sus servicios. A las seis y media, se reúne con sus amigas en un bar.

El viernes por la noche, Leslie y sus amigas salen y van a los **clubes nocturnos**. Ella regresa a la una de la mañana. A veces una amiga suya duerme en su casa. El sábado por la mañana, Leslie está **agotada**. **Ella duerme hasta tarde por la mañana**. Leslie se despierta alrededor del mediodía. Almuerza y por la tarde, ve telenovelas o va al cine con sus amigas.

La madre de Leslie y Aline se llama Stephy. Stephy es una **maestra** de escuela primaria. Stephy ama a los niños y su trabajo. Cada noche, ella prepara las clases para los niños para el día siguiente. Después de los exámenes, a veces se **va tarde a la cama. Ella corrige los exámenes de sus alumnos**. Stephy sabe todos los nombres de sus estudiantes. Los miércoles por la tarde, **no hay escuela. Ella tiene algo de tiempo libre**.

El marido de Stephy se llama Rob. **Rob trabaja en el campo informático**. Rob es un programador. Él trabaja en una oficina. **Siempre** está sentado frente a un **ordenador**. Él **escribe** líneas de código en el **teclado**. Rob también es responsable del mantenimiento de los ordenadores en su lugar de trabajo. Él es el un **ejecutivo de informática. Rob trabaja muchas horas extras**. Aline se da cuenta de que él **trabaja demasiado**. Aline teme que su padre **trabaje demasiado**.

Estória 5: Viagem, Turismo e Férias

É verão. É a **temporada de férias. Nicolas planeja uma viagem** com sua família. Ele vai à **agência de viagens.** Um **agente de viagens** o recepciona:

- Olá senhor. Como posso ajudá-lo?
- Olá, eu gostaria de **comprar passagens de avião** para Paris, por favor.
- Quando você quer partir?
- **Próxima sexta-feira**.
- Quantas passagens você quer comprar?
- Eu preciso de quatro passagens para dois adultos e duas crianças.

Nicolas compra as passagens e **vai para casa**. Ele envia um e-mail para Sid para confirmar seu **voo**. Sid é o irmão do Nicolas. Sid mora na França. Os filhos do Nicolas – Chanel e Charlie – estão felizes. Esta é a primeira vez que eles irão à França. Jenny – a esposa do Nicolas – o agradece. **Ela o beija na bochecha.**

Na quinta-feira, Jenny prepara as **malas**. Nicolas verifica os passaportes de todos. Ele coloca o seu passaporte e os passaportes das crianças na sua **bagagem de mão.**

Na sexta-feira de manhã, Jenny compra um pequeno presente para Martin. Martin é seu **sobrinho.** Ele é o filho do Sid.

Às dezenove horas, **Nicolas, Jenny e Evan** – seu **motorista** – **colocam as malas** no **carro**. Às dezenove e trinta, todos entram no carro. Eles saem para o aeroporto. Às oito horas, eles chegam no estacionamento do Aeroporto. Nicolas coloca as malas em um **carrinho**.

Nicolas, Jenny e as crianças vão ao **balcão de check-in** para **fazer o check-in**. Os passaportes e passagens são verificados. As **malas** são **pesadas**. Então as malas são enviadas à **bagagem de porão** do avião. **Todos** pegam seus **cartões de embarque.** Nicolas e sua família vão ao **portão de embarque**. Eles passam pela **alfândega.**

Eles esperam pela hora de embarcar na sala de espera. Às vinte e duas e trinta, **os passageiros embarcam**. No avião, os **comissários de bordo** cumprimentam os passageiros. Uma **aeromoça sorri** para Chanel e Charlie. Todos sentam em seus **assentos**. Os passageiros colocam seus **cintos de segurança**. O avião **decola.**

O avião chega por volta das sete horas da manhã. O avião **aterrissa**. Nicolas e sua família saem do avião. Os comissários de bordo dão as boas-vindas à França. Nicolas e sua família pegam suas malas na **retirada de bagagem**. Sid leva sua família ao aeroporto. Ele está feliz por vê-los novamente. Chanel e Charlie não se lembram do seu tio Sid. Nicolas apresenta seu irmão aos seus filhos.

As malas são colocadas no carro do Sid. Após meia hora de viagem, eles chegam na casa do Sid. A casa do Sid é bonita e grande. Nicolas e sua família ficam em Paris por uma semana. Eles **ficam** com o Sid durante sua estadia em Paris. Cynthia e Martin cumprimentam os viajantes na **entrada**. Cynthia é a esposa do Sid. O quarto do Nicolas e da Jenny é no **primeiro andar**. O quarto de Chanel e Charlie fica **perto** do quarto dos seus pais.

Cynthia serve o café-da-manhã. As crianças tomam chocolate quente e comem croissants. Os adultos tomam chá e comem pão de queijo. As crianças estão **cheias**. E estão **cansadas**. Charlie cai no sono no **sofá** da **sala de estar**. Jenny o carrega em seus braços. Ela o leva ao seu quarto. Ela o coloca na cama. Jenny tira as roupas do seu filho. Ela **o cobre** com um **lençol**. Chanel **boceja.** Ela também quer dormir. Ela vai ao seu quarto e dorme perto do seu irmão.

Seu pai tira um cochilo no **quarto adjacente. Jenny toma banho** na **banheira. Cynthia lava a louça. Sid vai trabalhar. Martin joga video games.**

Jenny termina seu banho e veste roupas confortáveis. Então ela vai com Cynthia **fazer compras**. As duas mulheres conversam sobre suas vidas de mãe. Uma hora e meia depois, **elas chegam em casa. Elas cozinham o almoço.**

Chanel e Charlie acordam. Charlie joga videogame com seu primo Martin. Chanel também quer jogar com eles. Mas Charlie recusa jogar com ela. Chanel insiste mas os dois garotos não querem saber. Chanel está **triste**.

Ela sai e **caminha** no grande **quintal** da casa. Ela vê a **piscina** da casa. Ela pergunta à sua mãe se pode **nadar**. Mas Jenny ainda está **ocupada**. Chanel não pode nadar sozinha **sem supervisão**.

Chanel vai à sala de estar. Ela está assistindo TV. **A menina suspira. Ela está entediada e vai dormir novamente.**

Por uma semana, **Nicolas e sua família fazem passeios turísticos** pela cidade de Paris.

Nicolas e sua família compram **passagens de trem** para a cidade de Marselha. **Infelizmente**, eles estão atrasados. **Eles perdem o trem.** Eles pegam o próximo trem. Quatro horas mais tarde, eles chegam em Marselha. Eles alugam um **quarto de família** em um hotel. As crianças estão com fome. Nicolas pede comida.

No próximo dia, Nicolas e sua família visitam uma amiga da Jenny. Seu nome é Bea. O marido da Bea é Claude. Claude está ausente. Ele está viajando por uma semana. Claude e Bea têm dois filhos: uma menina e um menino. Marine e Steven têm mais ou menos a mesma idade de Chanel e Charlie. Bea, Jenny e as crianças vestem seus **trajes de banho**. Eles vão à praia.

Marine e Steven constróem um castelo de areia. Chanel observa Marine e Steven. **Eles se provocam** e se divertem muito. Chanel e seu irmão nunca brincam juntos. Seu relacionamento é muito diferente do relacionamento de Marine e Steven. Marine e Steven são próximos. Chanel e Charlie não são próximos. Steven vai até Chanel e fala com ele:

- Chanel, você quer brincar comigo e com minha irmã?
- Você quer que eu brinque com você?
- **Você está sentada sem fazer nada.**
- Eu estou vendo vocês.
- Você é uma criança e está de férias. Você deve se divertir. Nossas mães são velhas. Elas estão sentadas sem fazer nada porque estão cansadas. Elas preferem conversar. Venha e divirta-se conosco.

-         Certo!
Chanel está feliz por encontrar novos amigos com quem brincar.

Vocabulario

É verão	Es verano
Temporada de férias	Temporada de vacaciones
Planeja uma viagem	Planear un viaje (Nicolas planea un viaje)
agência de viagens	Agencia de viajes
agente de viagens	Agente de viajes
comprar passagens de avião	Comprar unos billetes de avión
próxima sexta-feira	El viernes que viene
vai para casa	Irse a casa (se va a casa)
voo	Vuelo
Ela o beija na bochecha	Ella le da un beso en la mejilla
malas	Equipaje
bagagem de mão	Equipaje de mano
sobrinho	Sobrino de su marido
colocam as malas	Cargar el equipaje (Nicolas, Jenny y Evan cargan el equipaje)
no carro	Coche
motorista	Conductor
carrinho	Carrito
balcão de check-in	Mostrador de facturación
check-in	Registrarse
malas	Maletas

pesadas	Pesar
bagagem de porão	Bodega
Todos	Todos
cartões de embarque	Tarjeta de embarque
portão de embarque	Puerta de embarque
alfândega	Aduanas
embarcam	Subir a bordo (los pasajeros suben a bordo)
comissários de bordo	Auxiliar(es) de vuelo
aeromoça sorri	Una azafata sonríe
assentos	Asiento
cintos de segurança	Cinturón de seguridad
decola	Despegar
aterrisa	Aterrizar
retirada de bagagem	Reclamo de equipaje
ficam	Se quedan
entrada	Puerta
primeiro andar	Primer piso
perto	Cerca de
Cynthia serve o café-da-manhã	Cynthia sirve el desayuno
As crianças tomam chocolate quente	Los niños beben chocolate caliente
cheias	Lleno(s)

cansadas	Cansado(s)
sofá	Sofá
sala de estar	Salón
cobre	Cubre
lençol	Sábana
boceja	Bosteza
Seu pai tira um cochilo	Su padre hace una siesta
quarto adjacente	Habitación contigua
Jenny toma banho	Jenny se baña
banheira	Bañera
Cynthia lava a louça	Cynthia lava los platos
Sid vai trabalhar	Sid va a trabajar
Matin joga video games	Martin juega con videojuegos
fazer compras	Hacer la compra
elas chegam em casa	Vuelven a casa
Elas cozinham o almoço	Cocinan el almuerzo
triste	Entristece
caminha	Camina
quintal	Patio
piscina	Piscina
nadar	Nadar
ocupada	Ocupada
supervisão	Sin supervisión

A menina suspira.	La niña suspira
Ela está entediada e vai dormir novamente	Está aburrida y se queda dormida otra vez
fazem passeios turísticos	Visitar (Nicolas y su familia visitan)
passagens de trem	Billetes de tren
Infelizmente	Lamentablemente
Eles perdem o trem	Pierden el tren
quarto de família	Habitación familiar
trajes de banho	Traje de baño
Marine e Stevem constróem um castelo de areia	Marine y Steven construyen un castillo de arena
Eles se provocam	Tomarse el pelo (se toman el pelo)
Você está sentada sem fazer nada	Sigues estando sentada sin hacer nada

Historia 5: Viajes, turismo y vacaciones.

Es verano. Es la **temporada de vacaciones**. **Nicolas planea un viaje** con su familia. Él va a la **agencia de viajes**. Un **agente de viajes** le da la bienvenida:

- Hola señor. ¿Qué puedo hacer por usted?

- Hola, me gustaría **comprar unos billetes de avión** para viajar a París, por favor.

- ¿Cuándo se va?

- **El viernes que viene.**

- ¿Cuántos necesita?

- Necesito cuatro billetes, dos para adultos y dos para niños.

Nicolas consigue los billetes y **se va a casa**. Él envía un correo electrónico a Sid para confirmar su **vuelo**. Sid es el hermano de Nicolas. Sid vive en Francia. Los hijos de Nicolas, Chanel y Charlie, están felices. Esta es la primera vez que van a Francia. Jenny, la esposa de Nicolas, está muy agradecida. **Ella le da un beso en la mejilla.**

El jueves, Jenny prepara el **equipaje.** Nicolas revisa los pasaportes de todos. Él pone su pasaporte y los pasaportes de los niños en su **equipaje de mano**.

El viernes por la mañana, Jenny compra un pequeño regalo para Martin. Martin es el **sobrino de su marido.** Él es el hijo de Sid.

A las siete en punto de la tarde, **Nicolas, Jenny y Evan**, su **conductor, cargan el equipaje** en el **coche**. A las siete y media, todos suben al coche. Se van al aeropuerto. A las ocho en punto, llegan al estacionamiento del aeropuerto. Nicolas pone el equipaje en un **carrito**.

Nicolas, Jenny y los niños van al **mostrador de facturación** para **registrarse**. Se verifican los pasaportes y entradas. Las **maletas** se **pesan.** Luego el equipaje es enviado a la **bodega** desde el avión. **Todos** toman su **tarjeta de embarque**. Nicolas y su familia se dirigen a su **puerta de embarque.** Pasan las **aduanas**.

Esperan la hora de embarque en la sala de espera. A las diez y media, **los pasajeros suben a bordo.** En el avión, **los auxiliares de vuelo** saludan a los pasajeros. Una **azafata sonríe** a Chanel y Charlie. Todos se sientan en su **asiento**. Los pasajeros se abrochan el **cinturón de seguridad**. El avión **despega**.

El avión llega aproximadamente a las siete de la mañana. El avión **aterriza**. Nicolas y su familia salen del avión. Los asistentes de vuelo les dan la bienvenida a Francia. Nicolas y su familia sacan su equipaje del **reclamo de equipaje**. Sid va a recogerlos al aeropuerto. Él está feliz de verlos de nuevo. Chanel y Charlie no recuerdan a su tío Sid. Nicolas presenta a su hermano a sus hijos.

Cargan el equipaje en el coche de Sid. Después de media hora en coche, llegan a casa de Sid. La casa de Sid es grande y bonita. Nicolas y su familia se quedan en París por una semana. Se **quedan** con Sid durante su estancia en París. Cynthia y Martin saludan a los viajeros en la **puerta**. Cynthia es la esposa de Sid. La habitación de Nicholas y Jenny está en el **primer piso**. La habitación de Chanel y Charlie está **cerca de** la habitación de sus padres.

Cynthia sirve el desayuno. Los niños beben chocolate caliente y comen croissants. Los adultos beben té y comen pan de queso. Los niños están **llenos** y **cansados**. Charlie se queda dormido en el **sofá** del **salón**. Jenny lo toma en sus brazos y lo lleva a su habitación. Ella lo pone en la cama. Jenny le quita los zapatos a su hijo. Ella lo **cubre** con una **sábana**. Chanel **bosteza**. Ella también quiere dormir. Sube a su habitación y duerme cerca de su hermano.

Su padre hace una siesta en la **habitación contigua. Jenny se baña** en la **bañera. Cynthia lava los platos. Sid va a trabajar. Martin juega con videojuegos.**

Jenny termina su baño y se viste cómodamente. Luego acompaña a Cynthia **para hacer la compra**. Las dos mujeres se cuentan sus vidas como madres. Una hora y media después, **vuelven a casa y cocinan el almuerzo.**

Chanel y Charlie se despiertan. Charlie juega con los videojuegos con su primo Martin. Chanel también quiere jugar con ellos. Pero Charlie se niega. Chanel insiste pero los dos chicos no quieren. Chanel se **entristece.**

Sale y **camina** por el gran **patio** de la casa. Ella ve la **piscina** de la casa. Ella le pregunta a su madre si puede **nadar**. Pero Jenny todavía está **ocupada.** Chanel no puede nadar sola **sin supervisión.**

Chanel va a la sala de estar. Mira la televisión. **La niña suspira. Está aburrida y se queda dormida otra vez.**

Durante una semana, **Nicolas y su familia visitan** la ciudad de París.

Nicolas y su familia compran **billetes de tren** para la ciudad de Marsella. **Lamentablemente**, retrasan. **Pierden el tren.** Toman el siguiente tren. Cuatro horas más tarde, llegan a Marsella. Alquilan una **habitación familiar** en un hotel. Los niños tienen hambre. Nicolas pide la comida.

El día siguiente, Nicolas y su familia visitan a una amiga de Jenny che se llama Bea. El marido de Bea se llama Claude. Claude está ausente. Lleva una semana viajando. Claude y Bea tienen dos hijos: una niña y un niño. Marine y Steven tienen aproximadamente la misma edad que Chanel y Charlie. Bea, Jenny y los niños se ponen su **traje de baño**. Ellos van a la playa.

Marine y Steven construyen un castillo de arena. Chanel observa a Marine y Steven. **Se toman el pelo mutuamente** y se divierten mucho. Chanel y su hermano nunca juegan juntos. Su relación es muy diferente de la relación entre Marine y Steven. Marine y Steven están cerca. Chanel y Charlie no tienen una relación muy estrecha. Steven se acerca a Chanel y le habla:

- Chanel, ¿quieres jugar con mi hermana y conmigo?
- ¿Quieres que juegue contigo?
- Pues, **sigues estando sentada sin hacer nada.**
- Te estoy mirando.
- Eres una niña y estás de vacaciones. Se supone que debes divertirte. Nuestras mamás son viejas. Están sentadas allí sin hacer nada porque están cansadas. Prefieren charlar. Ven y disfruta con nosotros.
- ¡Bueno!
Chanel está feliz de encontrar nuevos amigos para jugar.

Estória 6: As trocas

Julia trabalha como **empregada** em uma casa. Todas as manhãs, de segunda a sábado, ela começa a trabalhar às sete e meia. Ela prepara o café da manhã da família. Ela coloca água em uma **panela**. Ela liga o **forno para aquecer** a água. Ela compra pão. Na volta, **a água está fervendo**. Julia faz chá. Ela coloca o chá em uma garrafa térmica. Ela está aquecendo o **leite**.

Julia faz a mesa. Ela coloca os pães, a manteiga, o **açúcar**, um pote de **geleia**, os pães, o chá, o leite e uma **cesta de frutas** na mesa. **A cesta de fruta contém** bananas, **uvas** e **maçãs**. Ela põe os **pires** na mesa. Ela põe as **xícaras** sobre os pires. Ela coloca os **guardanapos** ao lado das xícaras. Ela então põe as **colheres, garfos** e **facas** sobre os guardanapos. O café da manhã está servido.

A família toma o café da manhã. Os adultos vão trabalhar, as crianças vão à escola e os jovens vão estudar. **Júlia retira a mesa** e lava a louça.

Julia faz as compras. Ela compra pepino, tomates, vinagre, **dentes de alho**, milho, **óleo, charcutaria,** queijo, limão, macarrão e **sal**. Julia corta o queijo, a charcutaria e os vegetais em pequenos cubos. Ela **corta o dente de alho.** Ela cozinha o macarrão. Ela prepara um molho vinagrete. **Julia mistura** tudo em uma **saladeira**. Ela põe a salada de macarrão na **geladeira**. Julia faz **suco de limão**. Ela põe o suco na geladeira.

Ela limpa o **chão** dos **quartos** da casa com uma **vassoura**. Então ela passa o **aspirador de pó**. Ela **lima a poeira** dos **móveis**. Ela **faz a cama** no quarto das crianças. Ela está lavando a **pia**, banheira e o espelho do banheiro. Ela está limpando o assento sanitário. Ela está limpando o **azulejo** do **conservatório. Ela água as plantas** e limpa as **vidraças** da casa. Então Julia está lavando as mãos.

Às onze e meia, **Julia faz a mesa.** As crianças chegam em casa por volta do meio-dia. Eles comem a salada de macarrão que Julia preparou. Então elas voltam à escola. Julia retira a mesa e lava a louça.

À tarde, **Julia lava as roupas** com a **máquina de lavar.** Então ela **estende as roupas no varal. Ela passa ferro** nas roupas **secas**. Julia volta para casa às quatro da tarde.

Julia é **viúva** há anos. Ela não é casada e não tem filhos. Mas ela tem uma sobrinha. Seu nome é Cathy. Cathy mora com a Julia. Cathy é órfã desde sua adolescência. Ela é simpática, inteligente e gentil. Ela ama a Julia como se ela fosse sua mãe. As duas mulheres são muito próximas.

Cathy trabalha como uma **secretária executiva**. De segunda a sexta-feira, ela acorda às seis e meia. Ela se arruma e vai trabalhar às sete e cinquenta. Seu chefe – George – sempre chega no **escritório** às nove e meia da manhã. George é o **gerente** da empresa. Quando ela chega no escritório, Cathy prepara seu café. Às vezes George come um muffin com seu café.

Então Cathy o lembra das tarefas que precisam ser feitas durante o dia. Cathy planeja as tarefas. Ela organiza as reuniões. **Ela faz anotações** durante as **reuniões** do George com coletas ou parceiros da empresa. Então **ela escreve** um **relatório** das reuniões. Quando George sai em uma **viagem de negócios, ele grava** as reuniões com seu celular. George envia os arquivos de áudio por **e-mail**. Cathy os recebe. Então ela transcreve os **arquivos**. Ela escuta as reuniões e escreve os relatórios.

Cathy atende **o telefone**. Ela escreve os nomes e mensagens das pessoas que ligaram. Cathy também entra em contato com clientes.

Cathy é responsável por todas as tarefas administrativas. George está satisfeito com os serviços da Cathy. Cathy é responsável, série, habilidosa e é ótima **ouvinte**. Ela frequentemente ganha um **bônus** pela qualidade do seu trabalho. Após dois anos de serviço **com** a empresa, Cathy ganha um **aumento**.

Para comemorar sua promoção, Cathy convita sua Tia Julia para jantar em um restaurante. Cathy também compra novos **sapatos de salto alto** e um lindo **vestido de festa**. Julia a agradece pela sua generosidade. Na próxima semana, Julia prepara a comida favorita da Cathy para agradecê-la. Julia deseja que ela tenha muito sucesso em sua carreira.

O nome do irmão do George é Gerard. Gerard é medico. Todas as manhãs, ele acorda **cedo**. Ele se arruma e vai trabalhar. Gerard tem seu próprio **consultório médico. Ele examina** os pacientes. Ele escreve **receitas**. Os pacientes pagam pela **taxa** de consulta.

Os pacientes compram os remédios na **farmácia**.

Lilly é uma **enfermeira**. Ela é assistente do Dr. Gerard.

Vocabulario

Ocupações	Trabajo(s)
empregada	Empleada doméstica
panela	Cacerola
forno	Hornillo de gas
aquecer	Calentar
água está fervendo	El agua está hirviendo
leite	Leche
Julia faz a mesa	Julia pone la mesa
açúcar	Azúcar
geleia	Mermelada
contém	Contener (la cesta de frutas contiene…)
uvas	Uvas
maçãs	Manzana(s)
pires	Platillo(s)
xícaras	Taza(s)
guardanapos	Servilleta(s)
colheres	Cucharas
garfos	Tenedores
facas	Cuchillos/cuchillo
Julia retira a mesa	Julia quita la mesa
dentes de alho	Diente de ajo

óleo	Aceite
carne	Carne
charcutaria	Embutidos
sal	Sal
vegetais	Verduras
Ela corta o dente de alho	Ella corta el diente de ajo
mistura	Mezclar (Julia lo mezcla)
saladeira	Ensaladera
geladeira	Nevera
suco de limão	Zumo de limón
Ela limpa	Limpiar (ella limpia)
chão	Piso
quartos	Habitación/habitaciones
vassoura	Escoba
Ela passa o aspirador de pó	Pasa la aspiradora
Lima a poeira	Desempolvorar (desempolvora)
móveis	Muebles
Ela faz a cama	Hace la cama
pia	Lavabo
azulejo	Azulejos
conservatório	Terraza interior
Ela água as plantas	Riega las plantas
vidraças	Cristales de las ventanas

Júlia faz a mesa	Julia pone la mesa
Lava as roupas	Hacer la colada (Julia hace la colada)
máquina de lavar	Lavadora
estende as roupas no varal	Cuelga la ropa
Ela passa ferro	Plancha
secas	Seca
viúva	Viuda
secretária executive	Secretaria ejecutiva
escritório	Oficina
gerente	Gerente
Ela faz anotações	Toma notas
reuniões	Reunión/reuniones
Ela escreve	Escribe
relatório	Informe
viagem de negócios	Viaje de negocios
Ele grava	Graba
E-mail	Correo electrónico
arquivo(s)	Archivo(s)
atende o telefone	Llamada(s) telefónica(s)
ouvinte	Habilidades para escuchar
bônus	Bonificación
com	En
aumento	Aumento de sueldo

sapatos de salto alto	Tacones
vestido de festa	Vestido de noche
cedo	Temprano
consultório médico	Consultorio médico
Ele examina	Examinar (él examina)
receitas	Receta
taxa	Tarifa
farmácia	Farmacia
enfermeira	Enfermera

Historia 6: Los trabajos

Julia trabaja como **empleada doméstica** en una casa. Cada mañana, de lunes a sábado, empieza a trabajar a las siete y media. Ella prepara el desayuno para la familia. Pone agua en una **cacerola**. Enciende el **hornillo de gas para calentar** el agua. Ella compra pan y bollos. A su regreso, **el agua está hirviendo**. Julia hace té. Luego ella pone el té en un termo. Ella está calentando la **leche**.

Julia pone la mesa. Pone pan, mantequilla, **azúcar**, un tarro de **mermelada**, bollos, té, leche y una **cesta de frutas** sobre la mesa. **La cesta de frutas contiene** plátanos, **uvas** y **manzanas**. Ella coloca los **platillos** sobre la mesa. Pone las **tazas** en los platillos. Coloca las **servilletas** cerca de las tazas. Luego coloca **cucharas, tenedores** y **cuchillos** en las servilletas. El desayuno esta listo.

La familia desayuna. Los adultos van al trabajo, los niños van a la escuela y los jóvenes van a estudiar. **Julia quita la mesa** y frega los platos.

Julia hace las compras. Ella compra pepino, tomate, vinagre, **dientes de ajo,** maíz, **aceite, embutidos,** queso, limón, pasta y **sal**. Julia corta el queso, los embutidos y las **verduras** en cubitos. Ella **corta el diente de ajo.** Cocina la pasta. Prepara una salsa de vinagreta. **Julia lo mezcla** todo en una **ensaladera**. Pone la ensalada de pasta en la **nevera**. Julia hace **zumo de limón** y lo pone la nevera.

Ella limpia el **piso** de las **habitaciones** de la casa con una **escoba**. Luego **pasa la aspiradora**. **Desempolvora** los **muebles**. Hace la **cama** en la habitación del niño. Está lavando el **lavabo**, la bañera y el cristal de la ducha. Está lavando el inodoro. Ella está lavando los **azulejos** de la **terraza interior**. **Riega las plantas** y lava los **cristales de las ventanas** de la casa. Entonces Julia se lava las manos.

A las once y media, **Julia pone la mesa**. Los niños llegan a casa alrededor del mediodía. Comen la ensalada de pasta preparada por

Julia. Luego vuelven a la escuela. Julia limpia la mesa y lava los platos.

Por la tarde, **Julia hace la colada** con **la lavadora**. Luego **cuelga la ropa**. **Plancha** la ropa **seca**. Julia vuelve a casa a las cuatro en punto.

Julia ha sido **viuda** durante años. Ella no está casada y no tiene hijos. Pero tiene una sobrina. Su nombre es Cathy. Cathy vive con Julia. Cathy ha sido huérfana desde que era una adolescente. Ella es encantadora, inteligente y amable. Ella ama a Julia como si fuese su madre. Las dos mujeres son muy cercanas.

Cathy trabaja como **secretaria ejecutiva**. De lunes a viernes, se levanta a las seis y media. Se prepara y llega al trabajo a las siete y cincuenta. Su jefe, George, siempre llega a la **oficina** alrededor de las nueve y media de la mañana. George es el **gerente** de la empresa. Cuando ella llega a la oficina, Cathy le prepara un café. A veces George come un panecillo con su café.

Entonces Cathy le recuerda las tareas del día. Cathy planea las tareas. Ella organiza las reuniones. **Toma notas** durante las **reuniones** de George con colegas o socios de la empresa. Luego **escribe** el **informe** de las reuniones. Cuando George se va de **viaje de negocios**, **graba** las reuniones con su teléfono inteligente. George envía los archivos de audio por **correo electrónico.** Cathy los recibe. Entonces ella hace la transcripción de los **archivos**. Escucha reuniones y escribe informes.

Cathy contesta las **llamadas telefónicas**. Ella registra los nombres y mensajes de las personas que llaman. Cathy también contacta a los clientes.

Cathy es responsable de todas las tareas administrativas. George está satisfecho con los servicios de Cathy. Cathy es responsable, seria, hábil y tiene excelentes **habilidades para escuchar**. Con frecuencia recibe una **bonificación** por la calidad de su trabajo. Después de dos años de servicio **en** la empresa, Cathy recibe un **aumento de sueldo**.

Para celebrar su promoción, Cathy invita a su tía Julia a cenar en el restaurante. Cathy también compra **tacones** nuevos y un hermoso **vestido de noche**. Julia le agradece por su generosidad. La semana siguiente, Julia prepara el plato favorito de Cathy para agradecerle. Julia le desea todo el éxito en su carrera.

El nombre del hermano de George es Gerard. Gerard es un doctor. Cada mañana, se despierta **temprano**. Se prepara y se va a trabajar. Gerard tiene su propio **consultorio médico**. **Él examin**a a los pacientes. Escribe la **receta**. Los pacientes pagan la **tarifa** de consulta médica.

Los pacientes compran los medicamentos en la **farmacia**.

Lilly es una **enfermera**. Ella está ayudando al Dr. Gerard.

Estória 7: Casamento

Adam e Barbara estão juntos há seis anos. No aniversário da Barbara, Adam a convidou para jantar em sua casa. No **fim** do jantar, **Adam pediu pela sua mão em casamento. Barbara e Adam noivaram. Barbara dá a notícia** à sua família.

Adam e Barbara estão preparando seu **casamento. Eles escolhem a data** da cerimônia de **casamento**: eles escolheram o mesmo dia em que eles **se conheceram.** Adam e Barbara calculam o orçamento do casamento. **Eles querem que tudo esteja perfeito no grande dia deles.**

Adam e Barbara fazem uma lista com os preparatórios do casamento:

- O **vestido de casamento**
- O **penteado** e acessórios da noiva: **véu**, sapatos, maquiagem e **joias** da noiva
- O **terno** do noivo
- **Alianças**
- A **planejadora de casamentos**
- As **testemunhas** da noiva e as testemunhas do noivo
- Os vestidos das **damas de honra**
- Os trajes dos **pajens**
- A **lista de convidados**
- Os **convites**
- Transporte
- O **buquê** e as **flores da noiva**
- A **cerimônia de casamento**
- A decoração da capela
- O **café da manhã**
- **Bebidas**
- O **bolo de casamento**
- A **estatueta do casal**
- O **salão de recepção**
- A decoração do salão
- A **organização dos assentos**
- A orquestra e DJ para animar

- A música de entrada
- A primeira dança
- O fotógrafo e o cinegrafista

Adam e Barbara começam **os preparativos antes do casamento**. Barbara contrata Suzie como planejadora do casamento.

Uma estilista faz o **vestido de casamento** da Barbara. A estilista é Brooke. Barbara mostra o modelo do vestido para ela.

Adam pede que seu primo Richard seja sua testemunha. Os pajens são o irmão mais novo do Adam e seu priminho. As damas de honra são as duas irmãs mais novas da Barbara. Adelina – a tia da Barbara – é sua testemunha.

Barbara escreve o texto para o convite do casamento:

"Adam e Barbara estão felizes em convidá-lo à sua cerimônia de casamento no sábado, 21 de fevereiro de 2009, às 11 da manhã na Capela Saint John. É um prazer convidá-lo para almoçar no Espace des Colombes após a cerimônia.

Obrigado por confirmar sua presença antes do dia 15 de fevereiro".

Barbara dá o texto à Suzie. Suzie **imprime** o **anúncio do casamento**. Suzie escreve os nomes dos convidados nos convites. Barbara envia os convites aos **convidados**.

Adam e Barbara fazem aulas de dança para o casamento.

No dia do casamento, Barbara acorda às seis da manhã. **Ela toma um banho**. A **maquiadora** e o **cabeleireiro** chegam na sua casa.

Barbara sai do banho e se seca. Ela se arruma. Ela veste o vestido branco. A maquiadora começa a fazer sua maquiagem. O cabeleireiro faz seu cabelo. Barbara coloca seu colar e os **brincos**. Às nove horas, Barbara está pronta. O fotógrafo tira fotos da linda noiva. A carruagem da noiva passa às nove e meia. Ela chega na **igreja** às dez e meia. Os convidados preenchem os **assentos** da igreja **aos poucos**.

Às dez e cinquenta, Adam está **em pé** na frente do **altar**. Às onze horas, o organista toca uma melodia. Os pajens e damas de honra entram. Então o público se levanta. A noiva está entrando. Seu pai a acompanha ao altar. Barbara se junta ao seu futuro marido na frente do altar. O público senta. O padre começa a cerimônia.

Adam e Barbara agora são marido e mulher. O organista toca **A Marcha de Casamento**. Os recém-casados saem da igreja. Os convidados os parabenizam.

Os recém-casados e convidados chegam ao Espace des Colombes por volta das doze e meia. Os convidados procuram seus assentos e se sentam. Adam e Barbara dançam ao som da música de abertura do seu casamento. A música de abertura toca pela segunda vez. Os convidados dançam com a noiva e o noivo.

Por volta das quatro horas, a noiva e o noivo cortam o bolo. Eles abrem uma **garrafa de champanhe**. Os convidados aplaudem. Adam e Barbara tiram fotos com os grupos de convidados.

Por volta das dezessete e trinta, **a noiva joga o buquê**. Uma tia do Adam pega o buquê. Os convidados dão presentes de casamento aos recém-casados. A festa termina por volta das dezenove horas. Os convidados desejam um casamento bom e feliz a Barbara e Adam. Os recém-casados passam sua **noite de núpcias** em um hotel. Eles começam uma nova **fase** de suas vidas.

No próximo dia, eles vão à sua **lua de mel**. Eles voam até a **Maurícia**. Eles alugaram a **suíte nupcial** de um **hotel de luxo**.

Barbara está **bronzeada** na **praia**. Ela cai no sono. **Adam nada no mar**.

Os recém-casados encontram outro casal: Michel e Jessica. Michel e Jessica também estão em sua lua de mel. Jessica é uma antiga colega da Barbara. Ambos os casais estão no mesmo hotel. **Michael e Adam se conhecem**. Jessica e Barbara compartilham memórias da faculdade.

Durante a noite, os dois casais jantam juntos. **Eles se divertem**.

Vocabulario

Adam e Barbara estão juntos há seis anos	Adam y Barbara han estado juntos por seis años
fim	Final
Adam pediu pela sua mãe em casamento	Adam le pide la mano
Barbara e Adam noivaram	Adam y Barbara se comprometen
dá a notícia	Dar la noticia (Barbara le da la noticia)
casamento	Boda
Eles escolhem a data	Establecen una fecha
Primeira reunião	Primer encuentro
Eles querem que tudo esteja perfeito no grande dia deles	Quieren que todo sea perfecto en su gran día
Vestido de casamento	Vestido de novia
Penteado	Peinado
Véu	Velo
Joias	Joyería
Terno	Traje
Alianças	Anillos de boda
Planejadora de casamentos	Coordinador de bodas
Testemunhas	Testigos de boda
Damas de honra	Damas de honor
Pajens	Padrinos

Lista de convidados	Lista de invitados
Convites	Tarjetas de invitación
Buquê da noiva	El ramo de la novia
Flores	Flores
Cerimônia de casamento	La ceremonia de boda
Café-da-manhã	El desayuno de la boda
Bebidas	Bebidas
Bolo de casamento	Tarta nupcial
Estatueta do casal	Estatuillas de la pareja
Salão de recepção	Sala de recepción
Organização dos assentos	Tabla de asientos
Preparativos antes do casamento	Preparativos antes de la boda
Uma estilista faz o vestido de casamento	Una modista hace el vestido de novia
imprime	Imprime
anúncio do casamento	Anuncio de la boda
convidados	Invitados
ela toma um banho	Ella se baña
maquiadora	Maquilladora
cabeleireiro	Peluquera
brincos	Pendientes
igreja	Iglesia
assentos	Banco(s)

aos poucos	Poco a poco
em pé	De pie
altar	Altar
A Marcha de Casamento	Marcha nupcial
Os recém-casados	Los recién casados
garrafa de champanhe	Botella de champán
A noive joga o buquê	La novia arroja el ramo
noite de núpcias	Noche de bodas
fase	Etapa
lua de mel	Luna de miel
Maurícia	Mauricio
suíte nupcial	Suite nupcial
hotel de luxo	Hotel de lujo
bronzeada	Morena
praia	Playa
Adam nada no mar	Adam nada en el mar
Michel e Adam se conhecem	Michael y Adam se conocen
Eles se divertem	Se la pasan muy bien

Historia 7: Boda

Adam y Barbara han estado juntos por seis años. Para el cumpleaños de Barbara, Adam la invita a cenar a su casa. Al **final** de la cena, **Adam le pide la mano. Barbara y Adam se comprometen. Barbara le da la noticia** a su familia.

Adam y Barbara están preparando su **boda. Establecen una fecha** para la ceremonia de **boda**: eligen el día del aniversario de su **primer encuentro.** Adam y Barbara calculan el presupuesto de la boda. **Quieren que todo sea perfecto en su gran día.**

Adam y Barbara enumeran los preparativos para la boda:

- El **vestido de novia**
- El **peinado** y los complementos de la novia: **velo**, zapatos, maquillaje y **joyería** de la novia
- El **traje** del novio
- Los **anillos de boda**
- El **coordinador de bodas**
- Los **testigos de boda** de la novia y los testigos del novio
- Los vestidos de las **damas de honor**
- Los trajes de los **padrinos**
- La **lista de invitados**
- Las **tarjetas de invitación**
- El transporte
- El **ramo de la novia** y las **flores**
- La **ceremonia de boda**
- La decoración de la capilla
- El **desayuno de la boda**
- Las **bebidas**
- La **tarta nupcial**
- La **estatuilla de la pareja**
- La **sala de recepción**
- La decoración de la habitación
- La **tabla de asientos**
- La orquesta y el disc jockey para la animación
- La canción de apertura

- El baile de apertura
- El fotógrafo y el camarógrafo

Adam y Barbara comienzan los **preparativos antes de la boda**. Barbara contrata a Suzie como coordinadora de bodas.

Una modista hace el **vestido de novia** de Bárbara. La modista es Brooke. Barbara le muestra el modelo del vestido.

Adam le pide a su primo Richard que sea su testigo. Los padrinos de boda son el hermano pequeño y el primo de Adán. Las damas de honor son las dos hermanas menores de Barbara. Adeline, la tía de Barbara, es la testigo de su boda.

Barbara escribe el texto de invitación para la boda:

"Adam y Barbara se complacen en invitarles a su ceremonia de boda el sábado 21 de febrero de 2009 a las 11:00 en la Capilla Saint John. Nos complace invitarles a almorzar en el Espace des Colombes después de la ceremonia.

Les agradeceríamos si pudieran confirmar su presencia antes del 15 de febrero ".

Barbara le da el texto a Suzie. Suzie **imprime** el **anuncio de la boda**. Suzie escribe los nombres de los invitados en las tarjetas de invitación. Barbara envía las invitaciones a los **invitados**.

Adam y Barbara toman clases de baile para su boda.

El día de su boda, Barbara se despierta a las seis de la mañana. **Ella se baña**. La **maquilladora** y la **peluquera** llegan a su casa.

Bárbara sale de su baño y se seca. Se prepara. Se pone su vestido blanco. La maquilladora empieza a maquillarle. La peluquera arregla su cabello. Barbara se pone el collar y los **pendientes**. A las nueve en punto Barbara está lista. El fotógrafo saca fotos de la bella novia. El carruaje de la novia pasa a recoger a Barbara a las nueve y media. Ella llega a la **iglesia** a las diez y media. Los invitados llenan los **bancos** de la iglesia **poco a poco.**

A las diez y cincuenta, Adam está **de pie** frente al **altar**. A las once en punto, el organista toca una melodía. Los padrinos de boda y las damas de honor hacen su entrada. Entonces la audiencia se levanta. La novia está entrando. Su padre la acompaña al altar. Barbara se une a su futuro esposo frente al altar. El público se sienta. El cura comienza la ceremonia.

Adam y Barbara ahora son marido y mujer. El organista interpreta la **marcha nupcial**. Los recién casados salen de la iglesia. Los invitados los felicitan.

Los recién casados y los invitados llegan al Espace des Colombes alrededor de las doce y media. Los invitados miran la tabla de asientos y se sientan. Adam y Barbara bailan en la canción de apertura de su boda. La canción de apertura se reproduce una segunda vez. Los invitados bailan con los novios.

Alrededor de las cuatro en punto, la novia y el novio cortan la tarta. Abren una **botella de champán.** Los invitados aplauden. Adam y Barbara toman fotos con los grupos invitados.

Alrededor de los diecisiete treinta, **la novia arroja el ramo**. Una tía de Adán atrapa el ramo. Los invitados entregan los regalos de boda a los recién casados. La fiesta termina alrededor de las diecinueve. Los invitados desean una buena y feliz vida matrimonial a Barbara y Adam. Los recién casados pasan la **noche de bodas** en una habitación del hotel. Comienzan una nueva **etapa** en sus vidas.

Al día siguiente, se van de **luna de miel**. Ellos vuelan a **Mauricio**. Alquilan la **suite nupcial** de un **hotel de lujo**.

Barbara se pone **morena** en la **playa**. Se duerme. **Adam nada en el mar.**

Los recién casados se encuentran con otra pareja: Michel y Jessica. Michel y Jessica también están en su luna de miel. Jessica es una vieja compañera de clase de Barbara. Ambas parejas viven en el mismo hotel. **Michael y Adam se conocen**. Jessica y Barbara comparten recuerdos del colegio.

Por la noche, las dos parejas cenan juntas. **Se la pasan muy bien**.

Estória 8: Correspondentes

A professora de inglês da Judy dá a ela os **detalhes** de uma menina.
Esta menina mora no exterior. Seu nome é Fabienne. Judy a envia
sua primeira carta:

"Marselha, 14 de janeiro de 2002

Olá Fabienne,

*Meu nome é Judy. Eu gostaria de trocar correspondências
com você. Eu tenho dezoito anos. Eu moro na França. Eu
gostaria de conhecê-la.*

Judy Laroche."

Alguns dias depois, Judy recebe uma resposta da Fabienne.

" Antananarivo, 22 de janeiro de 2002
Olá Judy,

*Eu recebi a sua carta. **Estou muito feliz em conhecê-la.** E
estou feliz em ser sua correspondente. Eu a desejo um feliz ano
novo. Meu nome é Fabienne e eu tenho dezenove anos de idade.
**Eu sou novata na Faculdade de Artes. Eu estudo inglês na
universidade. Próxima vez,** eu escreverei uma carta mais longa.
Preciso ir à aula.*

Aguardo ansiosamente a sua resposta,
Fabienne, sua nova amiga".
"Marselha no dia 1 de fevereiro de 2002
Olá Fabienne,

***Sua carta me fez sorrir.** Obrigada. **Você parece ser ótima.**
Eu vou me apresentar. Como você já sabe, meu nome é Judy. Eu
estou no primeiro ano do ensino médio. E eu moro com meus
pais. Eu tenho um irmão mais velho. Seu nome é Denis e somos
muito próximos. Denis se formou do ensino médio ano passado.
Eu não sei **que área de estudo** ele vai escolher. No momento, ele*

*está fazendo **aulas de gastronomia**. Ele é talentoso. **Denis é um bom cozinheiro**. Nós gostamos de cozinhar juntos. Meu irmão é quem prepara a comida aqui em casa. Eu o ajudo. E você, tem irmãos ou irmãs? Você é próxima deles?*

Tenha um bom dia,
Judy."
"Antananarivo, 11 de fevereiro de 2002
Oi Judy!

*Sim, eu tenho um irmão mais novo. O nome dele é Nathan. Ele tem oito anos e está no ensino fundamental. Ele ama futebol. **Ele é um pouco indisciplinado**. Eu não passo muito tempo com o Nathan. **Como você pode perceber, temos onze anos de diferença**. Mas eu **gosto dele**. **Eu cuido dele** quando meus pais não estão. Você ama muito o seu irmão. Você fala muito sobre ele. Eu gosto do seu relacionamento com o seu irmão. Além disso, ele gosta de cozinhar para a sua família. E você, qual a sua paixão? Conte-me mais sobre você.*

Fabienne."
"Marselha, 16 de fevereiro de 2002
Oi Fabienne,

*Minha paixão? Eu não sei... **Por enquanto**, meu **objetivo** é **terminar o ensino médio**. Eu reprovei duas vezes no ensino fundamental e uma vez no ensino médio. Eu não sou desleixada com meus estudos. **Eu só preciso** trabalhar muito para ter sucesso nos meus estudos.*

Até mais. São dezesseis horas aqui. Estou indo dormir. Não me sinto bem. Estou gripada. A minha mãe me leva ao médico amanhã. Felizmente, é sexta-feira. Eu posso descansar.

Judy."
"Antananarivo, 25 de fevereiro de 2002
Olá Judy,

Eu espero que você se sinta melhor logo. *Hoje é o dia 25 de fevereiro. Espero que desde a última carta, você tenha melhorado.* **Deseje-me sorte.** *Estou estudando para os meus exames agora.*

Até mais,
Fabienne."
"Paris, 1 de março de 2002
Oi Fabienne,

Sim, já estou melhor. Estou de férias. Estou escrevendo da cidade de Paris. Eu visito minha prima Melanie. Ela mora em Paris. **Ela está alugando um apartamento.** *Ela estuda inglês, como você. Eu volto para Marselha no dia 7 de março. Eu ainda tenho muitas lições de casa para terminar para este semestre. Boa sorte nos seus exames!*

Judy."
"Marselha, 15 de abril de 2002
Olá Fabienne,

Faz um tempo que você não me escreve. Espero que você esteja bem. Estou enviando esta carta para **perguntar sobre você.**

Judy."
"Antananarivo, 23 de abril de 2002
Olá Judy,

Desculpe-me pelo silêncio prolongado. Recentemente, **eu não estou no clima para escrever.** *Um infeliz evento aconteceu. O irmão mais velho do meu pai* **faleceu.** *Ele era o meu tio favorito. Eu estava muito ocupada com o* **funeral.** *Ao mesmo tempo, eu também tive meus exames. De todas as formas, obrigada pela carta.* **Obrigada por se preocupar comigo. Isto me faz sentir bem.** *Você realmente é minha amiga. Espero que você esteja bem.*

Abraços,
Fabienne."
"Marselha, 27 de abril de 2002
Querida Fabienne,

Minhas sinceras condolências a você e sua família. **Eu tenho uma prova de matemática amanhã.** *Estou revisando o assunto. Denis está ausente.* **Eu sinto saudades dele.** *A casa está um pouco quieta. Você passou nos seus exames?*

Até mais!
Judy."
"Antananarivo, 1 de maio de 2002
Querida Judy,

Hoje é o **Dia do Trabalho.** *Eu estou aproveitando este* **feriado** *para escrever para você. Eu passei nos meus exames. Eu recebi meu diploma. Meus pais estão muito felizes. Quando é o seu aniversário? Meu aniversário é no dia 6 de setembro.* **Estou anexando uma foto minha a esta carta.**

Até mais,
Fabienne."
"Marselha, 7 de maio de 2002
Olá Fabienne,

Você está **linda** *nesta foto. Eu gostei do seu* **vestido** *e da sua* **blusa.** *Desculpe. Eu não enviei minha foto. Eu sou um pouco* **tímida.** *E não sou fotogênica. Estou enviando uma foto do meu cachorro. Esta é a primeira vez que eu o menciono. Ele é um* **cão de colo.** *Seu nome é Algodão. Ele é muito* **carinhoso.** *Você nasceu no dia 6 de setembro? Eu anotei esta data na minha* **agenda.** *Eu vou comprar um presente para você no seu aniversário. Qual a sua cor favorita? Minha cor favorita é roxo. Meu aniversário é no dia 17 de novembro.*

Abraços,
Judy."

"Antananarivo, 12 de maio de 2002
Oi Judy!

__Não importa__ se você enviou sua foto. Algodão é um cachorro muito __fofo__. Mas eu sou alérgica a pelo de cachorros e __gatos__. Minha cor favorita é azul. Eu vou cuidar do meu irmãozinho. __Ele se machucou__.

Até mais!
Fabienne."
"Marselha, 17 de maio de 2002
Boa noite Fabienne,

Diga ao seu irmãozinho para __ter cuidado__. __Espero que ele esteja bem__. Você tem um endereço de e-mail, Fabienne? É mais conveniente nos comunicarmos por e-mail. É __mais rápido__. Perdemos menos tempo. Aqui está o meu endereço de e-mail: __judy.dubois2002@monmail.com__ .

Até mais!
Judy."
"Antananarivo, 25 de maio de 2002
Boa noite Judy,

Acabei de criar um endereço de e-mail. __Você está certa__. Os e-mails são mais práticos. __Por sinal__, eu acabei de enviá-la um e-mail. O meu endereço de e-mail estará na mensagem.

Até mais!

Fabienne."

Vocabulario

Correspondentes	Amigos/as por correspondencia
detalhes	Detalles
Estou muito feliz em conhcê-la	Estoy muy feliz de conocerte
Eu sou caloura na Faculdade de Artes	Soy una estudiante de primer año en la Facultad de Artes
Eu estudo inglês na universidade	Estudio inglés en la universidad
Próxima vez,	La próxima vez
Preciso ir à aula	Tengo que ir a clase
Sua carta me fez sorrir	Tu carta me hace sonreír
Você parece ser ótima	Pareces una gran chica
área de estudo	Campo de estudio
aulas de gastronomia	Clases de cocina
Denis é um bom cozinheiro	Denis es un buen cocinero
Ele é um pouco indisciplinado	Él es un poco indisciplinado
Como você pode perceber	Como ves
temos onze anos de diferença	Nos separan once años
Eu gosto dele	Me gusta él
Eu cuido dele	Yo lo cuido
Por enquanto	Por ahora

objetivo	Objetivo
terminar o ensino médio	Terminar el colegio
Eu só preciso	Solo tengo que…
Estou indo dormir	Me voy a la cama
Não me sinto bem	No me siento bien
Estou gripada	Tengo gripe
A minha mãe me leva ao médico amanhã	Mi madre me lleva al médico mañana
Felizmente	Afortunadamente
Eu posso descansar	Puedo descansar
Espero que você se sinta melhor logo	Espero que pronto te sientas mejor
Deseje-me sorte	Deséame suerte
Ela está alugando um apartamento	Está alquilando un piso
perguntar sobre você	Preguntarte qué tal
faleceu	Ha muerto
funeral	Funeral
eu não estou no clima para	No estoy de humor para…
Obrigada por se preocupar comigo	Gracias por preocuparte por mí
Isto me faz sentir bem	Esto me calienta el corazón
Eu tenho uma prova de matemática amanhã	Tengo un examen de matemáticas mañana
Eu sinto saudades dele	Le extraño

Dia do Trabalho	Día del Trabajo
feriado	Vacaciones
Estou anexando uma foto minha a esta carta	Adjunto una foto de mí a esta carta
linda	Muy guapa
vestido	Vestido
blusa	Blusa
tímida	Tímida
cão de colo	Perrito faldero
carinhoso	Dulce
agenda	Agenda
Não importa	No importa
fofo	Adorable
pelo de gatos	Pelo de gato
Ele se machucou	Se ha hecho daño
ter cuidado	Tener cuidado
Espero que ele esteja bem	Espero que esté bien
mais rápido	Más rápido
Você está certa	Tienes razón
Por sinal	Por cierto

Historia 8: Amigas por correspondencia

La maestra de francés de Judy le da los **detalles** de una joven.
Esta chica vive en el extranjero. Su nombre es Fabienne. Judy
le envía la primera carta:

"Marsella, 14 de enero de 2002

Hola Fabienne

*Mi nombre es Judy. Me gustaría corresponder contigo. Soy
una chica de dieciocho años. Vivo en Francia. Me gustaría
conocerte.*

Judy Laroche.

Unos días más tarde, Judy recibe una respuesta de Fabienne.

"Antananarivo, 22 de enero de 2002.

Hola Judy

*Recibí tu carta. **Estoy muy feliz de conocerte**. Y estoy feliz de
ser tu amiga por correspondencia. Te deseo un feliz año
nuevo. Permíteme presentarme, mi nombre es Fabienne y
tengo diecinueve años. **Soy una estudiante de primer año en
la Facultad de Artes. Estudio ingles en la universidad. La
próxima vez**, escribiré una carta más larga. **Tengo que ir a la
clase.***

Quedo a la espera de tu respuesta.

Fabienne, tu nueva amiga."

"Marsella el 1 de febrero de 2002

Hola Fabienne

***Tu carta me hace sonreír**. Te lo agradezco. **Pareces una gran
chica**. Déjame presentarme. Como sabes, mi nombre es Judy.
Estoy en primera clase en la escuela secundaria y vivo con mis
padres. Tengo un hermano mayor. Su nombre es Denis y*

*estamos muy cerca. Denis se graduó de la escuela secundaria el año pasado. No sé qué **campo de estudio** elegirá. Por el momento, él está tomando **clases de cocina**. Él es talentoso. **Denis es un buen cocinero**. Nos gusta cocinar platos juntos. Es mi hermano quien prepara la comida en casa. Y yo le ayudo. Y tú, ¿tienes hermanos o hermanas? ¿Estás cerca de ellos?*

Tengas un buen día,

Judy ".

Antananarivo, 11 de febrero de 2002.

Hola Judy

*Sí, tengo un hermanito. Su nombre es Nathan. Tiene ocho años y está en la escuela primaria. Le encanta el fútbol. **Él es un poco indisciplinado**. No paso mucho tiempo con Nathan. **Como ves, nos separan once años. Pero me gusta él. Yo lo cuido** cuando mis padres están lejos. Tú le quieres mucho a tu hermano. Hablas mucho de él. Me gusta tu relación con tu hermano. Además, le gusta cocinar para su familia. Y tú, ¿cuál es tu pasión? Cuéntame un poco más sobre ti.*

Fabienne ".

"Marsella, 16 de febrero de 2002

Hola Fabienne

*¿Mi pasión? No sé... **Por ahora**, mi **objetivo** es **terminar el colegio**. Sabes, tuve que repetir un año de la escuela secundaria y otro del colegio. No descuido mis estudios. **Solo tengo que** trabajar duro para tener éxito en mis estudios.*

*Bueno, nos vamos a escribir pronto. Son las dieciocho en casa. **Me voy a la cama. No me siento bien. Tengo gripe. Mi madre me lleva al médico mañana. Afortunadamente,** es viernes. **Puedo descansar.***

Judy ".

"Antananarivo, 25 de febrero de 2002.

Hola Judy,

***Espero que pronto te sientas mejor**. Es el 25 de febrero. Espero que desde tu última carta, te encuentraes bien ahora. **Deséame suerte**. Estoy preparando exámenes ahora mismo.*

Hasta pronto,

Fabienne ".

París, 1 de marzo de 2002.

Hola Fabienne

*Sí, estoy bien ahora. Son las vacaciones. Te escribo desde la ciudad de París. Visito a mi prima Melanie. Ella vive en París. **Está alquilando un piso**. Ella es una estudiante de inglés, como tú. Regreso a Marsella el 7 de marzo. Todavía tengo muchas tareas escolares para terminar el año escolar. Buena suerte para tus exámenes!*

Judy ".

"Marsella, 15 de abril de 2002

Hola Fabienne

*Ha pasado un poco de tiempo desde que me escribiste la última vez. Espero que estés bien. Te envío esta carta para **preguntarte qué tal**.*

Judy ".

Antananarivo, 23 de abril de 2002.

Hola Judy

*Lo siento por este silencio prolongado. En los últimos tiempos, **no estoy de humor para escribir.** Un evento desafortunado ocurrió. El hermano mayor de mi padre **se ha muerto**. El era mi tío favorito. Estaba muy ocupada con el **funeral**. Al mismo tiempo, también hice exámenes. En cualquier caso, te* *agradezco tu carta.* **Gracias por preocuparte por mí. Esto me calienta el corazón.** *Eres realmente una amiga. Espero que estés bien.*

Abrazos,

Fabienne ".

"Marsella, 27 de abril de 2002

Querida Fabienne,

Te envío mis sinceras condolencias a ti y a tu familia. **Tengo un examen de matemáticas mañana.** *Estoy repasando. Denis está ausente.* **Le extraño.** *La casa está un poco vacía. ¿Has aprobado tus exámenes?*

¡Hasta pronto!

Judy ".

"Antananarivo, 1 de mayo de 2002

Querida Judy,

Hoy es el **Día del Trabajo.** *Aprovecho estas* **vacaciones** *para escribirte. He aprobado mis exámenes. Tengo mi diploma. Mis padres están muy felices. ¿Cuándo es tu cumpleaños? Mi cumpleaños es el 6 de septiembre.* **Adjunto una foto de mí a esta carta.**

Hasta pronto,

Fabienne ".

"Marsella, 7 de mayo de 2002

Hola fabienne

Eres **muy guapa** *en la foto. Me gusta tu* **vestido** *y tu* **blusa.** *Perdóneme. No te envié mi foto. Soy un poco* **tímida.** *Y no soy fotogénica. Te envío la foto de mi perro. Esta es la primera vez que te cuento sobre él. Es un* **perrito faldero.** *Su nombre es Cotton. Él es muy* **dulce.** *¿Nacistes el 6 de* septiembre? *Anoto esta fecha en mi **agenda**. Voy a comprarte un regalo de cumpleaños. ¿Cuál es tu color favorito? Mi color favorito es morado. Mi cumpleaños es el 17 de noviembre.*

Abrazos,

Judy ".

Antananarivo, 12 de mayo de 2002.

Hola Judy

No importa** si no envías tu foto. Cotton es un perro **adorable**. Pero soy alérgica al **pelo** de perro y **de gato**. Mi color favorito es el azul. Voy a cuidar a mi hermanito. **Se ha hecho daño.

¡Te veo pronto!

Fabienne ".

"Marsella, 17 de mayo de 2002

Buenas tardes Fabienne

*Dile a tu hermanito que **tenga cuidado**. **Espero que esté bien**. ¿Tienes una dirección de correo electrónico, Fabienne? Es más conveniente comunicar por correo electrónico. Es **más rápido**. Perdemos menos tiempo. Aquí está mi dirección de correo electrónico: judy.dubois2002@monmail.com*

¡Hasta pronto!

Judy ".

Antananarivo, 25 de mayo de 2002.

Buenas tardes Judy

*Acabo de crear una dirección de correo electrónico. **Tienes razón**. Los correos electrónicos son más prácticos. **Por cierto**, acabo de enviarte un correo electrónico. Mi dirección de correo electrónico está en este correo electrónico.*

¡Hasta pronto!

Fabienne ".

Estória 9: Uma paixão pela escrita

Cyril Deguimond é um autor renomado. Ele é o autor de quatorze romances publicados. Ele é conhecido por todo o mundo. Cyril escreveu principalmente livros de fantasia, estórias de detetive e suspense. Cyril é um autor famoso. Ele vende muitos livros por todo o mundo. Cyril acabou de lançar seu décimo quarto romance.

Uma **editora** da imprensa escrita entra em contato com ele pelo telefone. Carine quer entrevista-lo. Ela pede para ele **dar** uma **entrevista**. Cyril marca um horário com ela na sua casa na sexta-feira à tarde.

Na sexta-feira pela manhã, Carine prepara a entrevista. Ela leva uma caneta esferográfica e um **bloco de notas. Ela acessa a internet** para ler sobre Cyril Deguimond. Ela escreve as perguntas para o Cyril. O **celular** da Carine toca. **Ela atende o celular:**

- Alô!
- Alô Carine, é a Christine.
- Oi Christine! **E aí?**
- Vamos viajar este final de semana. Faça as malas. É uma viagem de três dias. Eu vou buscá-la em duas horas.
- Desculpe, não posso ir.
- Mas por quê? Você não trabalha nas sextas-feiras.
- Eu tenho um compromisso importante hoje.
- Um encontro?
- Não, Christine. Eu vou entrevistar o Cyril Deguimond.
- O **escritor** Cyril Deguimond? **Você é sortuda**, Deguimond é meu autor favorito. **Eu leio todos os seus livros**. Eu vou comprar seu novo livro hoje.
- Eu vou pedir um autógrafo. Para você.
- Obrigada!
- Eu trabalho hoje. Mas vamos amanhã pela manhã.
- Certo, vejo você amanhã então.

- Tenha um bom dia, Christine.
- Bom dia para você também, Carine!

Carine desliga o telefone. Ela continua a trabalhar. Às treze e meia, Carine se prepara para ir embora. Ela põe sua caneta, caderno, **lenço, chave do carro, óculos de sol** e celular na sua bolsa.

Às quatorze e quinze, Carine chega na **porta** da casa do Cyril. **Ela aperta** a campainha. Um **segurança** a cumprimenta. Ele pede sua **identidade**. Carine se apresenta e mostra seu distintivo. O segurança pede que ela entre **na propriedade**. Ele acompanha a jovem à sala de estar. **Ele pede que ela sente** em uma cadeira. Então o segurança sai.

Dez minutos depois, Cyril Deguimond chega na sala. **Carine se levanta** para cumprimentá-lo. Cyril é um ótimo homem. Ele tem uma **barba** e é **charmoso. Ele usa óculos.**

- Olá, Sr. Deguimond. Meu nome é Carine Dubois. Eu trabalho para a revista "Florida". Eu sou editora de imprensa. E **é um prazer conhecê-lo.**
- Olá, Senhorita Dubois. Estou muito feliz em conhecê-la.
- Você pode me chamar de Carine.
- Certo, Carine. Está muito quente aqui. Vamos para o jardim.

Há uma mesa, cadeiras e guarda-sol no jardim. Carine e Cyril se sentam.

- Sr. Cyril Deguimond, **obrigada** por me receber **em sua casa.** Você tem uma casa muito bonita.
- Obrigado, Carine. Vamos começar a entrevista. **Eu tenho um dia corrido.**
- Certo. Eu gravo nossa conversa no meu celular.
- Evite perguntas muito íntimas, por favor. Eu não gosto de falar sobre minha privacidade.
- Certo, eu entendo. Então, Cyril Deguimond, **conte-nos sobre seu novo livro.**

- Esta é a história de um alien. Ele tem a aparência de um ser humano. O ser parece uma velha senhora. Ele tem superpoderes. Ele chega no nosso planeta. Então ele testemunha um assassinato. Um policial investiga o assassinato com ele.
- Fascinante. Qual o título do livro?
- "Ilusões".
- **Quanto tempo** leva para você escrever um romance?
- Varia **entre** quatro e vinte e quatro meses.
- Você tem o corpo de um atleta, Cyril Deguimond. Você pratica esportes?
- Sim, de fato.
- Que esporte você pratica?
- Eu corro.
- Você gosta de ler?
- Sim, claro.
- O que você gosta de ler, Cyril Deguimond?
- Um pouco de tudo. Me ajuda a ter inspiração.
- Além de ler, esportes e escrever, quais são seus hobbies?
- Eu gosto de passar tempo com a minha família. Eu gosto de pescar com meu irmão e minha sobrinha.
- Quem são seus autores favoritos?
- Meus autores favoritos são Stephen King e Agatha Christie.
- Você está escrevendo um livro agora?
- Ainda não. Vou tirar férias.
- Seus **leitores** têm perguntas para você. Eu vou perguntar as mais interessantes.
- Certo. Estou escutando.
- Você tem bloqueios criativos?
- Isto acontece comigo às vezes.
- O que você faz quando isto acontece?
- Eu **dou um tempo**. Eu ando. Eu tomo **sorvete** com minha sobrinha. Eu converso com minha sobrinha. Eu vou para o **interior** ... **eu relaxo**.

- Você pensa em escrever estórias de romance?
- Não.
- Obrigada pela entrevista, Cyril Deguimond.
- Foi um prazer. **Obrigada por ter vindo**. Eu a ofereço uma cópia do meu novo livro.
- Ah! Muito obrigada, senhor!

Cyril sorriu.

- Cyril Deguimond, você pode assinar o livro para Christine, por favor?
- Sim, claro. Quem é Christine?
- Christine Dubois é minha irmã mais velha. Ela ama seus livros.

Cyril escreve na primeira página do livro. Carine o agradece e vai para casa.

No próximo dia, Carine oferece o livro à sua irmã. Christine está **extasiada**. Elas pegam o carro e viajam no final de semana.

Vocabulario

escrita	Escritura
renomado	De renombre
Ele é o autor de quatorze romances publicados	Es autor de catorce novelas publicadas
Ele é conhecido por todo o mundo	Él es bien conocido en todo el mundo
livros de fantasia	Novelas de fantasía
estórias de detetive	Historias de detectives
autor famoso	Autor famoso
Ele vende muitos livros	Vende muchos libros
cópias	Copias
por todo o mundo	En todo el mundo
Uma editora	Una editora
dar uma entrevista	Dé una entrevista
bloco de notas	Libreta
Ela acessa a internet	Va en línea
caneta esferográfica	Bolígrafo
celular	Móvil
Ela atende o celular:	Ella contesta el teléfono
E aí	Qué tal
Vamos viajar este final de semana	Vámonos este fin de semana

Faça as malas	Prepara tu maleta
É uma viagem de três dias	Es un viaje de tres días
Eu vou buscá-la em duas horas	Te recogeré en dos horas
Desculpe	Lo siento
não posso ir	No puedo ir
Você não trabalha nas sextas-feiras	No trabajas los viernes
Eu tenho um compromisso importante	Tengo una cita importante
Um encontro	Una cita romántica
escritor	Escritor
Você é sortuda	Eres una mujer muy afortunada
Eu leio todos os seus livros	Leí todos sus libros
Eu vou pedir um autógrafo	Le voy a pedir un autógrafo
Vejo você amanhã então	Hasta mañana entonces
Tenha um bom dia	Que tengas un buen día
Carine desliga o telefone	Carine cuelga el teléfono
lenço	Pañuelo
chave do carro	Llaves de su coche
óculos de sol	Gafas de sol
porta	Puerta
Ela aperta	Tocar (ella toca…)

segurança	Guardia de seguridad
na propriedade	Dentro de la propiedad
Ele pede que ela sente	Él la invita a sentarse
Carine se levanta	Carine se levanta
barba	Barba
charmoso	Encantador
Ele usa óculos	Él lleva gafas
É um prazer conhecê-lo	Encantada
Estou muito feliz em conhecê-la	Estoy muy contento de conocerle
Você pode me chamar de Carine	Puede llamarme Carine
Certo	Vale
Está muito quente aqui	Hace demasiado calor aquí
Vamos para o jardim	Vamos al jardín
Obrigada por me receber em sua casa	Gracias por darme la bienvenida a su casa
Eu tenho um dia corrido	Tengo un día ocupado
Evite	Evita
Eu não gosto de falar sobre minha privacidade	No me gusta hablar de mi vida privada
Conte-nos sobre seu novo livro	Cuéntenos de su última novela
Ser humano	Ser humano

O ser parece uma velha senhora	El ser vivo se parece a una mujer anciana
Superpoderes	Superpoderes
Ele testemunha um assassinato	Testigo de un asesinato
Um policial investiga o assassinato com ele	Un oficial de policía investiga con él sobre el asesinato
Quanto tempo	Cuánto tiempo
Entre	Entre
Você tem o corpo de um atleta	Tiene un cuerpo de atleta
Você pratica esportes?	¿Practica algún deporte?
De fato	Pues
Que esporte você pratica?	¿Qué deporte practica?
Você gosta de ler	¿Le gusta leer?
Sim, claro	Sí, por supuesto
O que você gosta de ler?	¿Qué te gusta leer?
Um pouco de tudo	Un poco de todo
Me ajuda	Me ayuda
Eu gosto de passar tempo com a minha família	Me gusta pasar tiempo con mi familia
Eu gosto de pescar com meu irmão e minha sobrinha	Me encanta ir a pescar con mi hermano y mi sobrina
Ainda não	Aún no

Vou tirar férias	Voy a tomarme unas vacaciones
leitores	Lectores
Você tem bloqueios criativos?	¿Tiene un bloque de escritor?
Isto acontece comigo às vezes	Me pasa a veces
O que você faz quando isto acontece?	¿Qué hace cuando le ocurre?
Eu dou um tempo	Me tomo un descanso
sorvete	Helado
interior	Campo
eu relaxo	Me relajo
Obrigado por ter vindo	Gracias por venir
Você pode assinar o livro para Christine?	¿Puede firmar el libro para Christine?
extasiada	Eufórica

Historia 9: Una pasión por la escritura

Cyril Deguimond es un autor **de renombre. Es autor de catorce novelas publicadas. Él es bien conocido en todo el mundo**. Cyril escribe principalmente **novelas de fantasía, historias de detectives** y thrillers. Cyril es un **autor famoso. Vende muchos libros en todo el mundo**. Cyril acaba de lanzar su decimocuarta novela.

Un **editora** de prensa lo contacta por teléfono. Carine quiere entrevistarlo. Ella le pide que le **dé una entrevista**. Cyril le da una cita en su casa el viernes por la tarde.

El viernes por la mañana, Carine prepara la entrevista. Ella toma un bolígrafo y una **libreta. Va en línea** para leer algo sobre Cyril Deguimond. Ella escribe las preguntas a Cyril. Alguien llama al **móvil** de Carine. **Ella contesta el teléfono:**

- ¡Hola!
- Hola Carine, soy Christine.
- ¡Hola Christine! **¿Qué tal?**
- **Vámonos este fin de semana. Prepara tu maleta. Es un viaje de tres días. Te recogeré en dos horas.**
- **Lo siento. No puedo ir**
- ¿Pero por qué? **No trabajas los viernes**.
- **Tengo una cita importante** hoy.
- ¿Una **cita romántica**?
- No, Christine. Voy a entrevistar a Cyril Deguimond.
- ¿El **escritor** Cyril Deguimond? **Eres una mujer muy afortunada.** Deguimond es mi autor favorito. **Leí todos sus libros.** Hoy voy a comprar su nueva novela.
- **Le voy a pedir un autógrafo** para ti.
- ¡Gracias!
- Hoy trabajo. Pero vámonos mañana por la mañana.
- Está bien, **hasta mañana entonces.**
- **Que tengas un buen día**, Christine.
- ¡Igualmente, Carine!

Carine cuelga el teléfono. Ella sigue con su trabajo. A las trece y media, Carine se prepara para irse. Ella pone su bolígrafo, su cuaderno, su **pañuelo**, las **llaves de su coche**, sus **gafas de sol** y su teléfono móvil en su bolso.

A las catorce y quince, Carine llega a la **puerta** de la casa de Cyril. **Ella toca el timbre. Un guardia de seguridad** la saluda. Él le pregunta por su **identidad**. Carine se presenta y muestra su placa. El guardia de seguridad la invita a entrar **dentro de la propiedad**. Acompaña a la joven en la sala de estar. **Él la invita a sentarse** en una silla. Luego sale el guardia de seguridad.

Diez minutos después, Cyril Deguimond llega a la habitación. **Carine se levanta** para saludarlo. Cyril es un gran hombre. Tiene **barba** y es **encantador. Él lleva gafas.**
- Hola, señor Deguimond. Permítame presentarme: mi nombre es Carine Dubois. Trabajo para la revista *Flowery*. Soy una editora de prensa. **Encantada.**
- Hola, señorita Dubois. **Estoy muy contento de conocerle.**
- **Puede llamarme Carine.**
- **Vale**, Carine. **Hace demasiado calor aquí. Vamos al jardín.**

Hay una mesa con sillas y sombrilla en el jardín. Carine y Cyril se sientan.

- Sr. Cyril Deguimond, **gracias por darme la bienvenida a su casa**. Tiene una villa muy bonita.
- Gracias, Carine. Vamos a empezar la entrevista. **Tengo un día ocupado.**
- Bueno. Grabo nuestra conversación con mi teléfono inteligente.
- **Evita** las preguntas demasiado íntimas, por favor. Realmente **no me gusta hablar de mi vida privada.**
- Vale, lo entiendo. Entonces, Cyril Deguimond**, cuéntenos de su última novela.**
- Esta es la historia de un extraterrestre. Tiene la apariencia de **un ser humano. El ser vivo se parece a una mujer anciana**. Él tiene **superpoderes**. Llega a nuestro planeta. Entonces él es el **testigo de**

un asesinato. Un oficial de policía investiga con él sobre el asesinato.

- Es fascinante. ¿Cuál es el título del libro?
- "Ilusiones".
- **¿Cuánto tiempo** tarda escribiendo una novela?
- **Entre** cuatro y veinticuatro meses.
- **Tiene un cuerpo de atleta,** Cyril Deguimond. **¿Practica algún deporte?**
- **Pues**, sí.
- **¿Qué deporte practica?**
- Estoy haciendo algo de jogging.
- **¿Le gusta leer?**
- **Sí, por supuesto.**
- **¿Qué te gusta leer,** Cyril Deguimond?
- **Un poco de todo. Me ayuda** a tener inspiración.
- Aparte de leer, practicar deportes y escribir, ¿cuáles son sus pasatiempos?
- **Me gusta pasar tiempo con mi familia. Me encanta ir a pescar con mi hermano y mi sobrina.**
- ¿Quiénes son sus autores favoritos?
- Mis autores favoritos son Stephen King y Agatha Christie.
- ¿Está escribiendo otra novela en este momento?
- **Aún no. Voy a tomarme unas vacaciones.**
- Sus **lectores** tienen preguntas para usted. Le voy a hacer las preguntas más interesantes.
- Bueno. Vamos a escuchar.
- **¿Tiene un bloque de escritor?**
- **Me pasa a veces.**
- **¿Qué hace cuando le ocurre?**
- **Me tomo un descanso.** Camino. Como **helado** con mi sobrina. Hablo con ella. Voy al **campo... me relajo.**
- ¿Piensa en escribir romance?
- No.
- Gracias por esta entrevista, Cyril Deguimond.
- Es un placer. **Gracias por venir.** Te ofrezco una copia de mi última novela.

- ¡Oh! ¡Muchas gracias señor!

Cyril sonrió.

- Cyril Deguimond, **¿puede firmar el libro para Christine**, por favor?

- Sí, por supuesto. ¿Quién es Christine?

- Christine Dubois es mi hermana mayor. A ella le encantan sus novelas

Cyril escribe en la primera página del libro. Carine le da las gracias y se va a casa.

El día siguiente, Carine le regala el libro a su hermana. Christine está **eufórica**. Cogen el coche y se van por el fin de semana.

Estória 10: Uma Noite com Amigos

John: Olá!

Martin: Olá John! Como você está?

John: Estou bem, obrigado. E você, como está?

Martin: Estou bem.

John: **O que você vai fazer hoje à noite?**

Martin: **Eu fico em casa,** por quê?

John: Eu o convido para o restaurant hoje, você, Augustin e Carla.

Martin: Certo. **O que está acontecendo?**

John: **Eu tenho um anúncio muito especial para fazer.**

Martin: Qual a novidade?

John: Seja paciente, eu anuncio esta noite.

Martin: Certo!

John: No restaurante "Feed" esta noite às oito horas.

Martin: Ok! Vejo você esta noite!

John: Alô! Oi Carla!

Carla: Oi John!

John: **Onde você está?**

Carla: No trabalho.

John: **A que horas você sai do trabalho?**

Carla: Às seis horas. Por quê?

John: **Você quer sair hoje à noite?**

Carla: Não, obrigada. Estou cansada. Eu vou para casa dormir hoje à noite.

John: Não, você não vai dormir. Vamos ao restaurante hoje à noite.

Carla: Você e eu?

John: Não, somos quatro, com o Augustin e o Martin.

Carla: **Mas eu não tenho muito dinheiro** agora.

John: **Não se preocupe. Eu a estou convidando.**

Carla: Obrigada. **Mas isto me deixa um pouco desconfortável.**

John: Por favor, Carla. **Eu tenho algo importante para contá-los.** Para você e os outros.

Carla: **É uma boa notícia?**

John: Sim, é muito boa notícia.

Carla: Você me intrigou. Certo, eu vou ao restaurante com você hoje à noite.

John: Obrigado Carla! Vejo você hoje à noite então! No restaurante "Feed" às vinte horas. **Não se atrase.**

John: Olá Augustin!

Augustin: Olá John!

John: **Você está livre esta noite?**

Augustin: Sim, é sexta-feira. Eu quero sair esta noite para relaxar.

John: Certo. Eu o buscarei às dezenove e quinze. **Carlos e Martin estão esperando** por **nós** no restaurante às oito horas.

Carla volta às seis e dez. Ela toma banho e veste um **vestido longo** azul. Ela chega no restaurante às dezenove e cinquenta. John, Augustin e Martin chegam quinze minutos depois. John vai à recepção.

John: Boa noite, madame!

Suzie: Boa noite, senhor. **Como posso ajudá-lo?**

John: **Queremos uma mesa para jantar, por favor.**

Suzie: Sim, claro. **Você tem uma reserva?**

John: Não, não reservamos.

Suzie: **Sua mesa estará pronta em alguns minutos.**

John: Obrigado, madame.

Carla: **Podemos ter uma mesa perto da janela,** por favor?

Suzie: Claro!

Sete minutos depois, um garçom chama **os quatro jovens.**

Jimmy: Sua mesa está pronta. **Siga-me, por favor.**

John, Carla, Martin e Augustin sentam à mesa.

Jimmy: Boa noite senhoras e senhoras. Meu nome é Jimmy. Eu sou seu garçom esta noite.

Jimmy entrega **os menus** aos jovens.

Jimmy: **Vocês gostariam de pedir algo para beber antes?**

John: Sim, gostaríamos de uma garrafa do seu melhor champanhe, por favor.

Jimmy traz uma garrafa de champanhe.

Martin: Então, John. Qual é esta grande notícia que você vai anunciar para nós?

John: **Vamos nos divertir um pouco. Eu deixarei que vocês adivinhem.**

Carla: Você vai casar.
John: Não.
Carla: **Você vai ter um bebê**.
John: Não.
Martin: Você vai trabalhar no exterior.
John: Não.
Augustin: **Você ganhou um aumento.**
John: Não.
Carla: Você vai se tornar um **padre**.
John: Não.
Martin: Você trocou de carreira!
Carla: E você vai se tornar uma estrela do rock!
John: Não e não. Carla, **você é engraçada.** E você tem muita imaginação.
Augustin: Você herdou uma **grande fortuna**!
John: Não, mas quase isto, Augustine! **Certo, eu vou contar. Eu ganhei na loteria!**
Augustin, Martin e Carla: Sério?
John: Sim, **eu não estou brincando.** Eu realmente ganhei na loteria!
Martin: **Quanto você ganhou?**
John: **Eu vou manter esta informação confidencial**. Mas vocês vão aproveitar este dinheiro!
Carla: Por que e como?
John: Porque vocês são meus melhores amigos. **Vocês estão sempre me apoiando** nos **momentos bons e ruins**. Vamos viajar juntos por duas semanas. **Eu cubro todos os gastos**.
Martin: Você está falando sério, John?
John: Sim!
Augustin: Mas **você não precisa fazer isto**.
John: **Mas eu quero. Não tenha vergonha.** Eu gostaria de agradecê-los pela sua amizade sincera. **Digamos que este é um presente de agradecimento.**
Carla: Obrigada por nos dar esta viagem! Eu aceito!
Augustin: Eu também.
John: E você, Martin?
Martin: **Certo, eu aceito!**
John: Obrigado, meus queridos amigos!

Jimmy se aproxima da mesa.

Jimmy: **Vocês escolheram?**

Carla: **Eu gostaria de uma canja de galinha,** por favor.

Jimmy: E vocês, senhores?

Martin: Eu quero o mesmo.

Augustin: Eu gostaria de uma salada de massa, por favor.

Jimmy: E você, senhor?

John: **Quais os pratos especiais de hoje?**

Jimmy: Risoto ou gratinado de queijo.

John: Eu gostaria de um gratinado de queijo, por favor.

Jimmy: Certo, senhor. Você quer mais alguma coisa?

Carla: Sim, eu gostaria de uma banana flameada para sobremesa, por favor.

Jimmy: E vocês, senhores, aceitam uma sobremesa?

John: Não, obrigado.

Augustin: Não, eu não quero uma sobremesa.

Martin: Eu também não.

Jimmy vai embora. Quinze minutos depois, ele volta com os **pratos que eles pediram**.

Jimmy: Bon appetite! Se vocês quiserem pedir outras coisas, não hesitem em me chamar.

Os quatro jovens agradecem o garçom e começam a comer. Durante o jantar, **Augustin fala**.

Augustin: **Um brinde à amizade!**

Depois, Jimmy traz a sobremesa da Carla. Então os quatro amigos discutem sua próxima viagem por uma hora. John pede a **conta**. Ele ajusta a conta. Então ele deixa o restaurante com seus amigos. John deixa uma **gorjeta** generosa para o garçom.

Augustin: **Para onde vamos agora?**

Carla: **Estou muito cansada**. Eu vou para casa. Boa noite, garotos!

John: Obrigado! Boa noite, Carla!

Martin: Eu também vou para casa. Eu trabalho amanhã. Tchau!

John e Augustin: Boa noite Martin!

Augustin: **Agora somos os únicos que restaram**, John. Qual o programa desta noite?

John: Eu tenho o DVD de um filme que acabou de sair. Podemos ir para casa e ver o filme juntos.

Augustin: Certo!

Vocabulario

O que você vai fazer hoje à noite?	¿Qué vas a hacer esta noche?
Eu fico em casa	Me quedo en casa
O que está acontecendo?	¿Qué pasa?
Eu tenho um anúncio muito especial para fazer	Tengo un anuncio muy especial que hacer
Vejo você esta noite!	¡Hasta pronto!
Onde você está?	¿Dónde estás?
A que horas você sai do trabalho?	¿A qué hora sales del trabajo?
Você quer sair hoje à noite?	¿Quieres salir esta noche?
Eu não tenho muito dinheiro	No tengo demasiado dinero
Não se preocupe	No te preocupes
Eu a estou convidando	Te invito yo
Isto me deixa um pouco desconfortável	Pero me haces sentir un poco incómoda
Eu tenho algo importante para contá-los	Tengo algo importante que decirte
É uma boa notícia?	¿Son buenas noticias?
Não se atrase	No llegues tarde
Você está livre esta noite?	¿Estás libre esta noche?
estão esperando por	Esperar (Carla y Martin nos estarán esperando)

vestido longo	Largo vestido
Como posso ajudá-lo?	¿Qué puedo hacer para usted?
Queremos uma mesa para jantar, por favor	¿Querríamos una mesa para cenar, por favor?
Você tem uma reserva?	¿Tienen una reserva?
Sua mesa estará pronta em alguns minutos	Su mesa estará lista en unos minutos
Podemos ter uma mesa perto da janela?	¿Podríamos tener una mesa cerca de la ventana?
os quatro jovens	Cuatro jóvenes
Siga-me, por favor.	¿Quieren seguirme, por favor?
os menus	Los menus
Vocês gostariam de pedir algo para beber antes?	¿Quieren algo para beber primero?
Vamos nos divertir um pouco	Vamos a divertirnos un poco
Eu deixarei que vocês adivinhem	Os dejaré adivinar
Você vai ter um bebê	Vas a tener un bebé
Você ganhou um aumento	Tienes un aumento
padre	Sacerdote
você é engraçada	Eres graciosa
grande fortuna	Gran fortuna
quase isto	Casi
Certo, eu vou contar	Vale, os lo diré

Eu ganhei na loteria!	¡Gané la lotería!
Eu não estou brincando	No estoy bromeando
Quanto você ganhou?	¿Cuánto ganaste?
Eu vou manter esta informação confidencial	Guardo esa información para mí
Vocês estão sempre me apoiando	Siempre estáis ahí para apoyarme
nos momentos bons e ruins	Buenos y malos tiempos
Eu cubro todos os gastos	Yo pago todos los gastos
você não precisa fazer isto	No tienes por qué que hacer eso
Mas eu quero	Pero yo quiero
Não tenha vergonha	No te sientas incómodo
Digamos que é um presente de agradecimento	Vamos a llamarlo un regalo de agradecimiento
Certo, eu aceito	Muy bien, ¡estoy dentro!
Vocês escolheram?	¿Hicieron su elección?
Eu gostaria de uma canja de galinha	Me gustaría un poco de sopa de pollo
Quais os pratos especiais de hoje?	¿Cuáles son las especialidades de hoy?
Pratos que eles pediram.	Platos ordenados
Augustin fala	Agustín habla
Um brinde à amizade	¡Vamos a brindar por nuestra amistad!
conta	Cuenta

gorjeta	Propina
Para onde vamos agora?	¿A dónde vamos ahora?
Estou muito cansada	Yo estoy muy cansada
Agora somos os únicos que restaram	Ahora estamos solos

Historia 10: Una tarde con amigos

John: Hola

Martin: ¡Hola John! ¿Cómo estás?

John: Estoy bien, gracias. ¿Y tú cómo estás?

Martin: Estoy bien.

John: **¿Qué vas a hacer esta noche?**

Martin: **Me quedo en casa**, ¿por qué?

John: Te invito al restaurante, a ti, a Augustin y a Carla.

Martin: Vale, pero **¿qué pasa?**

John: **Tengo un anuncio muy especial que hacer.**

Martin: ¿Cuál es la noticia?

John: Ten paciencia, os lo voy a contar esta noche.

Martin: Vale.

John: En el restaurante "Feed" esta noche, a las ocho en punto.

Martin: Vale, ¡Hasta pronto!

John: ¡Hola Carla!

Carla: ¡Hola Juan!

John**: ¿Dónde estás?**

Carla: Estoy trabajando.

John: **¿A qué hora sales del trabajo?**

Carla: Alrededor de las seis. ¿Por qué?

John: **¿Quieres salir esta noche?**

Carla: No, gracias. Estoy cansada. Voy a casa y duermo esta noche.

John: No, no te vayas a dormir. Vamos a ir al restaurante esta noche.

Carla: ¿Tú y yo?

John: No, somos cuatro, con Augustin y Martin.

Carla: **Pero ahora no tengo demasiado dinero.**

John: **No te preocupes. Te invito yo.**

Carla: Gracias. **Pero me haces sentir un poco incómoda.**

John: Por favor, Carla. **Tengo algo importante que decirte**. A ti y a los demás.

Carla: **¿Son buenas noticias?**

John: Sí, son muy buenas noticias.

Carla: Ahora estoy curiosa. Vale, entonces. Nos vemos al restaurante esta noche.

John: Gracias, Carla. ¡Nos vemos esta noche entonces! En el restaurante "Feed", a las veinte en punto. **No llegues tarde.**

Juan: ¡Hola Agustin!
Agustin: ¡Hola Juan!
John: **¿Estás libre esta noche?**
Agustin: Sí, es viernes. Me gustaría salir esta noche para relajarme.
John: Vale. Te recogeré a las diecinueve y quince. **Carla y Martin nos estarán esperando** en el restaurante a las ocho en punto.

Carla regresa a las seis y diez minutos. Se ducha y se pone un **largo vestido** azul. Llega al restaurante a las ocho menos diez. John, Augustin y Martin llegan cinco minutos después. John va a la recepción.

John: ¡Buenas noches, señora!
Suzie: Buenas noches señor, **¿qué puedo hacer para usted?**
John: **¿Querríamos una mesa para cenar, por favor?**
Suzie: Sí, por supuesto. **¿Tienen una reserva?**
John: No, no hemos reservado.
Suzie: **Su mesa estará lista en unos minutos.**
John: Gracias, señora.
Carla: **¿Podríamos tener una mesa cerca de la ventana**, por favor?
Suzie: ¡Por supuesto!

Siete minutos después, un camarero llama a los **cuatro jóvenes.**

Jimmy: Su mesa está lista. **¿Quieren seguirme, por favor?**

John, Carla, Martin y Augustin se sientan en su mesa.

Jimmy: Buenas tardes señora y caballeros. Mi nombre es Jimmy. Soy su servidor para esta noche.

Jimmy le da **los menús** a los jóvenes.
Jimmy: **¿Quieren algo para beber primero?**
John: Sí, nos gustaría una botella de su mejor champán, por favor.

Jimmy le trae una botella de champán.

Martin: Entonces, John. ¿Cuál es esta gran noticia que nos vas a anunciar?
John: **Vamos a divertirnos un poco. Os dejaré adivinar**.
Carla: Te vas a casar.
John: No.
Carla: **Vas a tener un bebé.**
John: No.
Martin: Vas a trabajar al extranjero.
John: No.
Agustín**: Tienes un aumento.**
John: No.
Carla: Te convertirás en un **sacerdote**.
John: No.
Martin: ¡Cambias de carrera!
Carla: ¡Y te convertirás en una estrella de rock!
John: No y no. Carla, **eres graciosa.** Y tienes mucha imaginación.
Agustín: ¡Heredaste una **gran fortuna**!
John: No, pero casi, Augustine! **Vale, os lo diré. ¡Gané la lotería**!
Augustin, Martin y Carla: ¿En serio?
John: Sí, **no estoy bromeando**. ¡Realmente gané la lotería!
Martin**: ¿Cuánto ganaste?**
John: **Guardo esa información para mí**. ¡Pero vosotros disfrutaréis de este dinero!
Carla: ¿Por qué y cómo?
John: Porque sois mis mejores amigos. **Siempre estáis ahí para apoyarme en los buenos y malos tiempos**. Nos vamos de vacaciones juntos por dos semanas. **Yo pago todos los gastos.**
Martin: ¿Hablas en serio, John?
John: Sí.
Augustin: Pero sabes, **no tienes por qué que hacer eso.**
John: **Pero yo quiero. No te sientas incómodo**. Me gustaría agradeceros por vuestra sincera amistad. **Vamos a llamarlo un regalo de agradecimiento**.
Carla: ¡Gracias por este viaje! ¡Estoy dentro!
Agustín: Yo también.
John: ¿Y tú, Martin?

Martin: **Muy bien, ¡estoy dentro!**
Juan: ¡Gracias mis queridos amigos!

Jimmy se acerca a la mesa.
Jimmy: **¿Hicieron su elección?**
Carla: **Me gustaría un poco de sopa de pollo**, por favor.
Jimmy: ¿Y ustedes, caballeros?
Martin: Yo tomaré lo mismo.
Agustín: Quisiera una ensalada de pasta, por favor.
Jimmy: ¿Y usted, señor?
John: **¿Cuáles son las especialidades de hoy?**
Jimmy: Risotto o gratinado con queso.
John: Quisiera un gratinado con queso, por favor.
Jimmy: Bueno, señores. ¿Les apetecería algo más?
Carla: Sí, un plátano flameado como postre para mí, por favor.
Jimmy: Y ustedes, caballeros, ¿quieren algo de postre?
John: No, gracias.
Agustín: Yo tampoco, nada de postre.
Martin: Yo tampoco.

Jimmy se aleja. Quince minutos después, vuelve con los **platos ordenados.**
Jimmy: ¡Qué aprovechen! Si quieren pedir algo más, no duden en llamarme.

Los cuatro jóvenes agradecen al camarero y comienzan a comer. Durante la cena, **Agustín habla.**

Agustín: **¡Vamos a brindar por nuestra amistad!**

Seguidamente, Jimmy trae el postre de Carla. Luego los cuatro amigos hablan de sus próximas vacaciones por una hora. John pide la **cuenta** y paga. Luego sale del restaurante con sus amigos. John deja una generosa **propina** al camarero.

Agustín: **¿A dónde vamos ahora?**

Carla: **Yo estoy muy cansada**. Voy a mi casa ¡Buenas noches, chicos!

Juan: ¡Gracias! Buenas noches, Carla.

Martin: Yo también me voy a casa. Yo trabajo mañana. ¡Adiós!

John y Augustin: ¡Buenas noches, Martin!

Agustín: **Ahora estamos solos**, John. ¿Cuál es el programa de esta noche?

John: Tengo el DVD de una película recién estrenada. Podemos ir a casa y ver la película juntos.

Agustín: ¡De acuerdo!

www.ingramcontent.com/pod-product-compliance
Lightning Source LLC
Chambersburg PA
CBHW020325180726
47991CB00019B/766